O desafio da modernidade é viver sem ilusões, sem se tornar desiludido.

Antonio Gramsci

MILTON ALVES

BRASIL SEM MÁSCARA

O GOVERNO BOLSONARO E A DESTRUIÇÃO DO PAÍS

KOTTER EDITORIAL

MILTON ALVES

BRASIL SEM MÁSCARA

O GOVERNO BOLSONARO E A DESTRUIÇÃO DO PAÍS

KOTTER EDITORIAL

Coordenação Editorial: Sálvio Nienkötter
Editor executivo: João Lucas Dusi
Editor adjunto: Daniel Osiecki / Claudecir de Oliveira Rocha
Capa: Jussara Salazar
Produção: Cristiane Nienkötter
Diagramação: Caroline Costa e Silva

Dados internacionais de catalogação na Publicação (CIP)
Angelica Ilaqua CRB-8/7057

Alves, Milton
O Brasil sem máscara : o governo Bolsonaro e a destruição do país / Milton Alves - Curitiba : Kotter Editorial, 2022.
246 p.

ISBN 978-65-5361-148-1

1. Brasil - Política e governo 2. Bolsonaro, Jair Messias, 1955 - Governo 3. Silva, Luíz Inácio Lula da, 1945- I. Título

22-5412 CDD 320.0981

Kotter Editorial
Rua das Cerejeiras, 194
82700-510 | Curitiba - PR
+55 41 3585-5161
www.kotter.com.br | contato@kotter.com.br

Feito o depósito legal
1ª edição
2022

PREFÁCIO

Lula é a esperança de um novo Brasil

A volta de Luiz Inácio Lula da Silva ao cenário político e eleitoral representou um novo impulso na vida dos brasileiros. Desde que foi libertado e inocentado de todas as acusações falsas contra ele, o ex-presidente tem sido a voz ativa que une os democratas e os progressistas contra o governo Bolsonaro e todo o atraso que ele carrega.

A volta da inflação e da fome, a destruição das políticas sociais e a corrupção que assola o governo federal mostraram para os brasileiros que não é possível reeleger Bolsonaro. O povo entendeu que foi enganado, quando tiraram Lula das eleições de 2018 para eleger um homem que não governa para os que mais precisam, e sim para uma elite reacionária e em benefício próprio e dos seus.

Uma prova disso foi o Auxílio Brasil, que Bolsonaro só resolveu aumentar às vésperas das eleições. O PT defendia o benefício de R$ 600,00 desde a época da pandemia, ao contrário do governo. O mesmo aconteceu com a política de preços dolarizada dos combustíveis que nunca foi alterada pelo governo — o mesmo que, nos últimos meses, resolveu baixar temporariamente os impostos para gerar uma sensação de bem-estar na sociedade.

Novamente nessas eleições, Bolsonaro usa a tática do ataque e da mentira. Mas os brasileiros e brasileiras estão percebendo que o presidente e sua turma espalham *fake news* porque não têm propostas. Infelizmente, a violência na política estimulada por Bolsonaro está presente na campanha eleitoral desse ano. O caso mais emblemático foi o assassinato do companheiro Marcelo Arruda em Foz do Iguaçu, no Paraná. O apoiador de Lula Benedito Cardoso dos Santos também foi morto a facadas depois de defender o ex-presidente. Foram vítimas do discurso de ódio bolsonarista.

Já a nossa campanha é a da paz e harmonia, da democracia e das liberdades. Reunimos 10 partidos em torno de Lula, numa aliança inédita com o ex-governador Geraldo Alckmin, para vencer o bolsonarismo, reconstruir o Brasil, recolocar as políticas sociais, preservar o meio ambiente, voltar a investir e gerar renda e emprego para o povo. A vontade de mudar o Brasil e defender a nossa democracia gerou uma mobilização inédita de comitês populares e engajamento de artistas, personalidades, estudiosos e lideranças sociais.

O legado dos governos do PT está na memória da população brasileira que vê em Lula a esperança de dias melhores. O povo sabe quem cuida das pessoas e não só governa. Sabe da importância da democracia brasileira e de termos um país altivo e soberano. Nós já provamos o que podemos fazer, o que já fizemos pelo povo e, agora, vamos fazer ainda mais. É com essa esperança e dedicação que juntas e juntos faremos um governo com o povo e para o povo. E o país vai ser feliz de novo!

Neste sentido, o mais novo livro do jornalista Milton Alves — *Brasil sem máscara: o governo Bolsonaro e a destruição do país* — é mais uma contribuição qualificada ao debate sobre os rumos do Brasil e de sua gente.

Gleisi Hoffmann

Setembro de 2022

Sumário

LARGADA DA CAMPANHA DE LULA NAS RUAS PARA DERROTAR BOLSONARO E O GOLPISMO

Uma nova e decisiva fase da campanha eleitoral tem início nesta terça-feira (16). Os estados-maiores de campanha do ex-presidente Lula e do atual presidente ajustam as estratégias políticas e preparam as operações de mobilização da militância e de seus apoiadores mais engajados. Tudo aponta para uma campanha acirrada, com uma dura disputa pelo voto.

Segundo as últimas pesquisas de opinião, Lula segue liderando, consolidado na dianteira, mas Bolsonaro apresenta alguma reação, o que pode ser atribuído ao gigantesco pacote de liberação de recursos com a chamada "PEC do desespero" — uma tentativa governista para impedir a vitória de Lula no primeiro turno.

A campanha de Lula precisa impulsionar uma forte e potente mobilização de rua já na largada da batalha eleitoral, motivando a base mais ampla da militância de esquerda e dos setores populares que se identificam com o líder petista — há milhões de lulistas que não são petistas.

A politização da campanha eleitoral de Lula é um fator essencial para travar o combate contra as mentiras e para denunciar a destruição do país promovida pelo governo bolsonarista.

A agenda que deixa o bolsonarismo na defensiva é a que trata das reais condições de vida da população: da volta da fome, da inflação, da carestia dos alimentos da cesta básica, do desemprego, o corte de recursos do SUS e da educação. Além disso, esclarecer a trapaça do auxílio emergencial de R$ 600,00, datado até dezembro.

O legado dos governos petistas é importante elemento de narrativa, mas o central no momento é apresentar o que fazer a partir de janeiro de 2023 diante da profunda crise econômica e social em curso. Ou seja, só um novo governo e um novo rumo na economia podem salvar o país e o povo trabalhador da destruição neoliberal.

Uma campanha eleitoral de Lula, vibrante e massiva, é o instrumento para mobilização popular, que impulsione a multiplicação dos comitês populares Lula Presidente nos locais de trabalho, moradia, estudo e nas comunidades virtuais da Internet.

Por sua vez, Bolsonaro segue na convocação do dia 7 de setembro, conclamando seus apoiadores a ocuparem as ruas do país na data simbólica do bicentenário da independência do Brasil. É um recurso tático para manter o quadro de tensão política e, ao mesmo tempo, uma tentativa de intimidação da militância popular e de esquerda.

Uma campanha ativa nas ruas será o meio mais eficaz para criar uma poderosa muralha política a favor de Lula e derrotar os intentos golpistas do governo bolsonarista, abrindo uma saída democrática para a crise política, econômica e institucional em curso — e elegendo Lula e uma numerosa bancada de esquerda para o Congresso Nacional.

A campanha eleitoral começa com Lula na frente, o bolsonarismo reage, novamente, com um arsenal de mentiras. É preciso responder cada mentira da candidatura governista com firmeza, desmoralizando a fábrica de *fake news* do gabinete do ódio e dos vendilhões do templo, pastores picaretas e bilionários que abusam da boa-fé do povo mais pobre e desinformado.

Nesta semana, novas pesquisas eleitorais estão previstas, as quais indicarão os elementos e as tendências para análises na definição dos próximos passos da campanha.

Nas ruas, e disputando cada voto do eleitorado popular, vamos vencer a barbárie bolsonarista e neoliberal. Só o amor não vence ódio, é necessário despertar a consciência da encruzilhada histórica em que o país foi mergulhado pelo golpe de 2016, fortalecer a unidade política da esquerda (e disputar o rumo da campanha com os setores mais centristas da Frente Ampla), e muito ativismo e organização nas próximas semanas.

E vamos à luta!

(15 de agosto de 2022)

SETE DE SETEMBRO: UMA PROVOCAÇÃO BOLSONARISTA QUE EXIGE RESPOSTA COMBATIVA

A convenção nacional do Partido Liberal (PL), realizada neste domingo (24), que homologou as candidaturas de Jair Bolsonaro e do general Braga Netto, para a vice-presidência, foi o palco escolhido para emulação da base mais militante e fanática do bolsonarismo.

Bolsonaro, mais uma vez, reforçou a convocação para o dia 7 de setembro, conclamando seus apoiadores a ocuparem as ruas do país na data simbólica do bicentenário da independência do Brasil.

Trata-se, ao mesmo tempo, de uma ameaça e de um objetivo de campanha. Uma tentativa de demonstração de forças para intimidar as capengas instituições da República e a oposição — em particular o bloco político e partidário que sustenta a candidatura do ex-presidente Lula.

O movimento impulsionado por Bolsonaro faz parte da escalada golpista da extrema direita e conta com o conluio dos generais palacianos e do presidente da Câmara dos Deputados, Arthur Lira.

Nas últimas semanas, o governo bolsonarista apostou no discurso contra o sistema eleitoral e a votação por meio das urnas eletrônicas. E cuidou também de atingir as camadas mais pobres e miseráveis da população com a chamada "PEC do desespero", um improvisado pacote eleitoreiro, de curtíssimo prazo, para tentar impedir a vitória de Lula no primeiro turno.

As medidas demagógicas podem resultar em algum benefício eleitoral para Bolsonaro. No entanto, o bolsonarismo vai seguir no caminho da ação golpista e beligerante. É um recurso tático para manter o quadro de tensão política.

Nesse cenário, a esquerda partidária e social, e o conjunto das forças progressistas da sociedade, precisam responder, com firmeza, às provocações e aos arroubos autoritários dos bandos bolsonaristas.

O projeto bonapartista de Bolsonaro precisa ser enfrentado nas ruas, nos tribunais e nas urnas. As iniciativas de mobilização marcadas para os dias 5 e 11 de agosto são passos importantes para colocar em movimento os diversos setores da sociedade em defesa das eleições e contra a violência política do bolsonarismo.

Uma campanha eleitoral de Lula, vibrante e massiva, é um instrumento para mobilização popular, que impulsione as formações dos comitês populares Lula Presidente nos locais de trabalho, moradia e estudo, reunindo amplos segmentos da população trabalhadora.

Uma campanha ativa, nas ruas, impulsionada pela esquerda e os movimentos sociais, será capaz de criar uma muralha política para abater os intentos golpistas do governo bolsonarista, abrindo uma saída democrática para a crise política, econômica e institucional em curso, elegendo Lula e uma numerosa bancada de esquerda para o Congresso Nacional.

Eis o desafio!

(27 de julho de 2022)

MOBILIZAR A SOCIEDADE PARA DERROTAR O FASCISMO BOLSONARISTA

Historicamente, o fascismo tem como método a difusão do terror, do medo, para paralisar as massas e intimidar os seus opositores mais consequentes — o povo trabalhador e suas organizações políticas, sociais e culturais. É a experiência de inúmeras nações e povos.

O bolsonarismo, a variante atual e nacional do neofascismo ultraliberal, conta com imensa energia material e forças aliadas.

Além de possuir fatias do poderoso aparato estatal — ministérios, forças militares, tribunais —, conta com o apoio ora aberto, ora velado da maioria das classes dominantes do país, em particular de seus setores mais decisivos: dos banqueiros da Faria Lima, dos oligarcas do agronegócio e do baronato que controla os principais órgãos de mídias.

Como força social de choque, o fascismo bolsonarista mobiliza vastos segmentos da classe média e de segmentos próximos da classe trabalhadora — informais, trabalhadores de pequenos negócios e o lumpesinato miliciano. É, portanto, uma força social considerável, embora minoritária em relação ao conjunto da população brasileira.

A derrota do fascismo bolsonarista será uma derrota política. É inevitável, porém, um enfrentamento decidido com sua base de sustentação social. No contexto atual, às vésperas das eleições de outubro, derrotar a escalada fascista exige das forças de esquerda e progressistas uma vigorosa mobilização, de massas, de milhões nas ruas das principais regiões do Brasil.

As chamadas instituições republicanas estão em parte cooptadas pelo bolsonarismo — Congresso Nacional, comando das Forças Armadas, PGR, PF, tribunais regionais — ou parte intimidadas — STF, TSE, Ministério Público.

Ou seja, não podemos confiar na higidez dessas instituições. Apostar que elas farão resistência à escalada fascista pode ser um erro fatal das forças populares. Os partidos da burguesia neoliberal, da velha direita, hoje chamada de terceira via, ao fim e ao cabo somarão com o bolsonarismo nas urnas e na manutenção da agenda neoliberal.

Tampouco daí se pode esperar algum tipo de resistência efetiva. É perigoso cultivar ilusões com respeito ao espírito democrático de figuras como Tebet, Doria, Rodrigo Pacheco, Temer, Bivar — todos golpistas de 2016 contra o mandato legítimo de Dilma Rousseff. Neste sentido, é urgente e vital a convocação de uma ampla mobilização no curso da disputa eleitoral contra o candidato da extrema direita.

É correta a sinalização da campanha de Lula de seguir nas ruas, realizando grandes comícios de massas. Mas isto só não basta. É preciso aprofundar o conteúdo de mobilização antifascista dos comitês populares desde já. Multiplicar as ações de rua de todo tipo — pequenas e grandes, fechadas e abertas.

Os últimos acontecimentos, com os ataques aos comícios de Lula e o assassinato por um bolsonarista de Marcelo Arruda, dirigente do PT de Foz de Iguaçu (PR), indicam, com bastante clareza, que a besta fera fascista segue disposta a cometer novos e maiores crimes.

Para garantir a vitória e a posse de Lula, o caminho passa antes pelas ruas, pela mobilização popular. E uma sugestão: no dia 7 de setembro, a convocação de uma grande Vigília Nacional Contra o Fascismo.

(Em tempo: A atitude boçal de Jair Bolsonaro, presidente cessante, causou mais repugnância e indignação ao não manifestar as condolências aos familiares e à viúva de Marcelo Arruda, assassinado por um bolsonarista em Foz do Iguaçu. Ele foi incapaz de reconhecer o luto de uma família, que perdeu um ente querido de forma brutal e covarde. Ao contrário, em seus pronunciamentos recentes, Bolsonaro continua estimulando a ação violenta contra os seus opositores e tentou jogar nas costas da esquerda a onda de violência política, que cresce no país.)

(12 de julho 2022)

BOLSONARO E REDE GLOBO: NINGUÉM SOLTA A MÃO DE NINGUÉM

Foi o tempo em que Bolsonaro e seu clã classificavam a emissora do Jardim Botânico de "Globolixo". Agora é só amor, regado por verbas milionárias de publicidade — e tudo pago pelo contribuinte. E o melhor dos mundos começa a surgir, como num passo de mágica, nas telinhas dos noticiários e telejornais da empresa da família Marinho sobre o governo bolsonarista.

A "familícia" já orientou as hordas bolsonaristas nas redes sociais para mudar a narrativa. O que vale agora é a palavra de ordem de "ninguém solta a mão de ninguém". Ou seja, foi arquivado o discurso demagógico de ataques aos jornais e telejornais da emissora.

A mudança de orientação da política de distribuição de verbas publicitárias do governo atende aos interesses eleitorais de Bolsonaro, que apresenta sinais de desespero diante da possibilidade, cada vez mais concreta, de uma derrota para o ex-presidente Lula em outubro. O petista segue liderando as pesquisas e demonstra ampla capacidade de articulação para consolidar um vasto leque de alianças políticas pelo país.

A campanha bolsonarista contra a Rede Globo, nos últimos três anos e meio, foi mais uma fraude política de Bolsonaro, assim como o discurso contra a velha política do "toma lá, dá cá". Bolsonaro se entregou para o Centrão, que pilota parte do Orçamento Nacional via o famigerado e criminoso orçamento secreto — e, agora, beija a mão da família Marinho.

De janeiro a junho deste ano, os anúncios do Palácio do Planalto na Globo aumentaram 75% em relação a igual período do ano passado. Do dia 1º de janeiro a 21 de junho de 2021, a TV recebeu R$ 6,5 milhões em valores líquidos pagos por propagandas veiculadas em âmbito nacional e regional. Neste ano, no mesmo período, embolsou R$ 11,4 milhões. As informações são da Secretaria Especial de Comunicação Social da Presidência (Secom) — órgão responsável pelas contratações de publicidade e propaganda institucional do Governo Federal.

Ao mesmo tempo, Bolsonaro continua investindo pesadamente nas emissoras amigas — Rede Record, SBT, Jovem Pan, que despejam diariamente um farto noticiário a favor do governo bolsonarista, com ataques políticos contra a oposição, em particular, contra o Partido dos Trabalhadores (PT) e sua maior liderança, o ex-presidente Lula.

A relação do governo bolsonarista com a Rede Globo, apesar da campanha *fake* de Bolsonaro, que chegou até a anunciar a bravata de que não renovaria a concessão da emissora, sempre foi marcada pela defesa das políticas neoliberais de privatização e de retirada de direitos da população trabalhadora executada pelo ministro da Economia, Paulo Guedes.

A Rede Globo sempre agiu em defesa da desastrosa política econômica do governo da extrema direita, que causou a volta da fome, o desemprego massivo, o desmonte dos programas sociais, o colapso da educação pública, do sistema nacional de Cultura e o sucateamento do SUS.

É verdade que a Rede Globo teceu críticas ao negacionismo do governo Bolsonaro durante o período de maior incidência da pandemia do coronavírus. E também é verdade que, nas questões dos costumes e das lutas pelas novas liberdades civis, a Globo teve uma postura crítica aos aspectos mais grotescos e obscurantistas do bolsonarismo. No entanto, o núcleo central da política do governo bolsonarista sempre foi preservado, blindado: a política econômica e as privatizações são sagradas para a Rede Globo.

A decisão de Bolsonaro de jogar milhões de reais na Rede Globo juntou a fome com a vontade de comer. Ambos conspiram contra um triunfo popular nas urnas em outubro. Os interesses do governo da extrema direita na condução da política de destruição do Estado nacional encontram apoio e guarida das grandes corporações de mídia do país — que operam subordinadas aos ditames dos bancos e dos especuladores da ciranda financeira com os títulos do governo federal.

Uma nova política para o setor das telecomunicações é uma exigência democrática do país, para democratizar e quebrar o monopólio das grandes corporações midiáticas. Um novo modelo que fortaleça uma rede de comunicação pública, que garanta a voz e o espaço para os diversos setores da vida nacional.

Uma reforma estrutural que elimine a propriedade cruzada dos meios de comunicação, evitando o crescente acúmulo de poder e riqueza para um punhado de oligarcas e plutocratas. É uma demanda incontornável a ser enfrentada por um futuro governo de Lula.

(5 de julho de 2022)

DELTAN E MORO DE BRAÇOS DADOS COM O NEOFASCISMO BOLSONARISTA

As recentes declarações de Deltan Dallagnol (Podemos-PR), ex-procurador e pré-candidato a deputado federal, admitindo apoiar o presidente Jair Bolsonaro, em um eventual segundo turno da disputa presidencial de 2022, apenas confirmam o parentesco político e ideológico dos operadores da Lava Jato com o bolsonarismo.

"Por mais que eu não goste de muitas atitudes do atual governo, simplesmente não há nada pior e mais ameaçador para o futuro do Brasil do que o PT", afirmou Deltan, em vídeo divulgado nesta segunda-feira (27).

Deltan, como Sergio Moro, busca obter um mandato parlamentar para tentar fugir da responsabilização pelos crimes cometidos durante a operação Lava Jato. Uma cadeira de deputado federal é a tábua de salvação para o ex-procurador, que vive o pânico, medo mesmo, de encarar uma longa temporada na fria masmorra da Santa Cândida.

O lavajatismo foi um dos mecanismos (ao lado do aparato das grandes corporações de mídia) que impulsionou a propagação do discurso da antipolítica e, em especial, do antipetismo odioso, alimentando a raiva e o ressentimento de vastos segmentos da população, principalmente, de setores da classe média contra os políticos, o Congresso, o STF e demais instituições — que estão desgastadas, é verdade —, mas que não serão renovadas e democratizadas pelo punitivismo lavajatista, que só favoreceu e abriu o espaço para a consolidação de uma corrente neofascista no país.

Bolsonaro e os generais não seriam vitoriosos em 2018 sem ajuda decisiva da Lava Jato, que impediu de forma ilegal a participação de Lula nas eleições — o líder petista despontava como franco favorito.

O desmonte completo da Lava Jato, com a punição de Deltan e Moro, é uma tarefa inconclusa, uma demanda do processo de retomada do curso democrático. Afinal, como disse o próprio ministro Gilmar Mendes (STF), a "Lava Jato é a mãe e o pai do bolsonarismo".

Apesar do desgaste de Deltan, de Moro, e da desmoralização da Lava Jato, a experiência demonstrou que o discurso de negação da política ainda encontra apelo em determinados segmentos sociais.

Lavajatismo, um braço da extrema direita

O lavajatismo é uma corrente de opinião de extrema direita que apela para um discurso de caráter salvacionista e autoritário, atraindo o apoio dos segmentos mais abastados da classe média e a escória militante bolsonarista, agrupados em movimentos como Nas Ruas, MBL, Vem Pra Rua, Laços pelo Brasil, Direita Curitiba, Movimento Contra a Corrupção e das entidades de representação do aparato judicial e da alta burocracia federal.

Órgãos da mídia corporativa — principalmente a Rede Globo e *Folha de S.Paulo* — apresentam os crimes da Lava Jato como simples desvios da "rota positiva" da operação no combate à corrupção no interior do estado brasileiro. Segundo a mídia pró-Lava Jato, a experiência foi positiva e um balanço da operação não pode abrir caminho para a volta da impunidade dos agentes públicos. Ou seja, o mesmo discurso favorável ao lavajatismo, reciclado por um tom mais suave após as revelações, feitas pela Vaza Jato, dos métodos criminosos praticados pela operação, sediada em Curitiba.

Vale lembrar que as ações da Lava Jato desembocaram na criminalização de partidos e lideranças políticas. A maior expressão foi a campanha inédita de *lawfare* contra um líder político brasileiro — o ex-presidente Lula —, condenado e preso sem provas por 580 dias.

O encarceramento "preventivo" de executivos de empresas privadas e públicas, as delações forjadas, as conduções coercitivas ilegais, as prisões filmadas, os vazamentos seletivos para a Rede Globo, a falsificação de documentos e a espionagem de advogados de defesa dos acusados foram alguns dos mecanismos criminosos utilizados pela operação comandada por Moro e Deltan.

A Lava Jato deixou também um enorme passivo na economia do país: sob o pretexto do combate à corrupção, provocou a implosão de setores econômicos inteiros, afetando a indústria da construção civil, de infraestrutura pesada, a indústria naval, o setor químico e a cadeia produtiva de petróleo e gás — o que causou o desemprego de milhões de brasileiros.

O enfrentamento ao lavajatismo é uma componente do esforço político da esquerda e dos trabalhadores para derrotar o projeto de recolonização neoliberal aplicado pelo governo bolsonarista.

O eleitorado paranaense, em outubro, tem a opção de varrer do mapa político os dois maiores expoentes da Lava Jato, impugnando nas urnas o nefasto projeto de impunidade de Deltan e Moro — aliados de Bolsonaro e Ratinho.

(28 de junho de 2022)

ÓDIO RACIAL É O MOTIVO PARA CASSAR VEREADOR NEGRO RENATO FREITAS

A maioria branca e racista da Câmara Municipal de Curitiba, em rápida e atropelada sessão especial no dia de ontem (21), votou para cassar o mandato do vereador negro Renato Freitas (PT). Foram 25 votos favoráveis à cassação, apenas 7 votos contrários e uma abstenção.

Os vereadores negros que integram o parlamento curitibano votaram em bloco contra a cassação, o que realçou mais ainda o aspecto racista da decisão da maioria. A violência contra o mandato de Renato prossegue nesta quarta-feira (22), com a segunda rodada de votação.

A sanção de perda do mandato, se confirmada na sessão de hoje, interrompe a trajetória parlamentar do ativista e militante negro Renato Freitas, uma voz que se destacou nos últimos anos na defesa da população jovem, negra e periférica da cidade. O falso pretexto da quebra de decoro parlamentar é risível para uma Câmara que já tolerou parlamentares condenados e presos por corrupção e até de prática de assédio sexual.

O processo para cassar o mandato legítimo e representativo de Renato foi baseado na falsa narrativa de invasão da Igreja do Rosário, durante a realização de um ato antirracista de denúncia da morte do congolês Moïse Kabagambe, no mês de fevereiro — o petista foi alvo de cinco representações por quebra de decoro parlamentar.

O vereador do PT é acusado de liderar a manifestação — em frente e no interior da Igreja do Rosário —, perturbar e interromper a prática de culto religioso, realizar ato político no interior do local e entrar de forma não autorizada no templo católico.

A própria Arquidiocese de Curitiba divulgou uma nota em que reconhece que não há motivo para a cassação do mandato do parlamentar curitibano.

A defesa jurídica de Renato Freitas prossegue na batalha pela anulação do conjunto do processo e enumerou várias irregularidades em sua condução, inclusive o vazamento de áudio sobre uma ação articulada de pressão para obter os votos dos integrantes da comissão de ética e a divulgação de um e-mail racista contra Renato com origem em computador da Câmara — o que chegou a ser objeto de uma precária investigação que não descobriu o autor do ato criminoso.

Racismo estrutural e classista

O processo em curso, que pode culminar com a perda do mandato de Renato nesta quarta-feira (22), é um indicativo da resistência de setores reacionários contra o protagonismo da população negra na luta secular por seus direitos. É, sem dúvida, mais uma manifestação antidemocrática e reacionária do racismo estrutural.

A mentalidade política e ideológica da maioria branca da Câmara Municipal de Curitiba quer apagar e desconstruir a resistência secular da majoritária população negra e mestiça do Brasil, que luta e resiste para romper com os grilhões da brutal discriminação racial e classista. O mandato de Renato Freitas, obtido por expressiva votação, é um símbolo vivo dessa luta.

Nos últimos anos, a política de criminalização da pobreza, impulsionada pelo governo bolsonarista, tem um inegável corte racial e adquiriu uma dimensão de genocídio, com o avanço das atividades de milícias, somada ao habitual *modus operandi*, praticamente naturalizado, da violência das Polícias Militares (PMs) nos territórios de periferias — habitados, majoritariamente, por populações negras.

O mandato de Renato Freitas tem sido também um ponto de apoio e de referência na luta contra violência do aparato policial, que atinge principalmente a juventude negra e pobre.

Portanto, é urgente a defesa do mandato de Renato! É um gesto democrático — contra a intolerância e o racismo. Renato, Fica!

(22 de junho de 2022)

SEM RUMO: APÓS DECISÃO DO TRE-SP, MORO VAI TER QUE PROVAR QUE CONHECE O BACACHERI OU O TATUQUARA EM CURITIBA

O ex-juiz Sergio Moro tem colecionado uma série de derrotas políticas nos últimos meses. A decisão do Tribunal Regional Eleitoral de São Paulo (TRE-SP), que impugnou a tentativa de transferência de domicílio eleitoral de Moro do Paraná para São Paulo, foi um golpe duro nas pretensões políticas do ex-juiz da Lava Jato.

O ex-juiz tentou emplacar mais uma farsa e seu deu mal. O TRE-SP, por 4 votos a 2, na noite de terça-feira (7), acolheu um pedido do Partido dos Trabalhadores (PT), que denunciou a ausência de domicílio eleitoral de Moro no estado de São Paulo.

Moro, que é natural de Maringá, noroeste do Paraná, exerceu por alguns anos a função de juiz na capital paranaense, onde ganhou projeção em dois rumorosos e controversos casos — o Escândalo do Banestado, com as nebulosas contas CC5, e a operação Lava Jato, uma farsa judicial golpista e criminosa. Nos dois casos, Moro agiu atropelando o Estado de Direito e favorecendo amigos e aliados políticos.

A tentativa de trocar o domicílio eleitoral foi marcada pela improvisação e, mais uma vez, pela farsa — uma burla contida pela ação diligente do TRE paulista. Moro apresentou como comprovante de residência a locação de apartamento em um flat na zona sul da capital paulista, que, segundo ele, teria se tornado a "sua residência e base política" — a mentira não colou.

As opções de Moro

O desembarque político de Moro no Paraná não será tranquilo: o ex-juiz vai enfrentar uma resistência política de setores da direita tradicional. Sergio Moro tem revelado uma condução política desastrada, atabalhoada, o que gerou um sentimento consolidado de desconfiança entre os seus antigos aliados políticos.

É o caso do senador Álvaro Dias (Podemos), uma espécie de padrinho político de Moro, que até cedeu a legenda do partido para abrigar uma natimorta candidatura presidencial do ex-juiz, mas que logo foi abandonada por promessas do União Brasil. Moro foi, no mínimo, desleal com o veterano político. Além disso, circula a especulação de que Moro pode ser candidato ao Senado contra Dias, que concorrerá à reeleição em outubro deste ano.

A outra opção de Moro, que é disputar uma cadeira para deputado federal, tromba com a candidatura já lançada de Deltan Dallagnol, seu parceiro de crimes na Lava Jato. Ou seja, serão duas candidaturas disputando o nicho eleitoral lavajatista, que encolheu politicamente nos últimos dois anos — em parte pela revelação das ações criminosas da operação e, principalmente, tragado pelo bolsonarismo mais radicalizado. Nas duas situações, Moro vai enfrentar um determinado nível de constrangimento político e eleitoral.

Moro, o falso herói construído pelas corporações da mídia empresarial, vai enfrentar o teste das urnas com uma imagem desgastada e politicamente enfraquecida. As constantes piruetas políticas, a falta de traquejo e o personalismo exacerbado são componentes de uma personalidade que acreditou na personagem que encarnou durante o auge da Lava Jato. O Moro de verdade não tem passado no teste de cognição que a atividade política exige.

Legado nefasto de Moro e Dallagnol

Moro também será julgado durante as eleições pelo nefasto legado da Lava Jato. Ao traçarmos uma linha do tempo da operação iniciada em março de 2014, é inevitável a constatação de que a Lava Jato contribuiu de forma decisiva para a eleição do presidente Jair Bolsonaro, que conduz um governo desastroso, de destruição do país.

O lavajatismo foi o estuário em que a extrema direita navegou em 2018, com muita demagogia e o apoio da imprensa dominante, facilitando a chegada de Bolsonaro ao comando do governo federal.

Os métodos da Lava Jato desembocaram na criminalização dos partidos e de lideranças políticas, que teve como maior expressão a campanha inédita de *lawfare* contra um líder político brasileiro — o ex-presidente Lula —, condenado e preso sem provas por 580 dias.

O encarceramento "preventivo" de executivos de empresas privadas e públicas, as delações forjadas, as conduções coercitivas ilegais, as prisões filmadas, os vazamentos seletivos para a Rede Globo, a falsificação de documentos e a espionagem de advogados de defesa dos acusados foram alguns dos mecanismos criminosos utilizados pela operação.

A Lava Jato, conduzida por Moro e Dallagnol, também legou um enorme passivo na economia do país. Sob o pretexto do combate à corrupção, provocou a implosão de setores inteiros da economia nacional, afetando a indústria da construção civil e de infraestrutura pesada, a indústria naval, o setor químico e a cadeia produtiva de petróleo e gás — o que jogou milhões de trabalhadores no desemprego.

O mergulho na arena da política de Sergio Moro e Deltan Dallagnol visa assegurar uma futura imunidade para enfrentar os diversos delitos e crimes cometidos pela dupla, que ainda demandam uma responsabilização penal.

Nas rodas informais de conversas políticas dos grandes escritórios jurídicos de Curitiba — e na popular e ferina Boca Maldita —, uma indagação é corrente: "Moro sabe onde fica o Bacacheri? O Tatuquara?".

Moro anunciou que na próxima terça-feira (14), em Curitiba, às 11h, fará uma entrevista coletiva para revelar os seus próximos passos políticos. Vamos aguardar.

(11 de junho de 2022)

BOLSONARO JOGA O POVO NA FOME E NO TERROR DA "CÂMARA DE GÁS"

O governo Bolsonaro é o responsável por uma política econômica que gera mais concentração de renda, o que aprofunda mais a desigualdade e provocou a volta da fome. Ao mesmo tempo, Bolsonaro estimula o discurso de ódio e a violência contra os segmentos sociais mais vulneráveis — o povo pobre e preto das periferias.

O assassinato de Genivaldo de Jesus, em Sergipe, numa improvisada "câmara de gás", dentro do porta-malas de uma viatura da Polícia Rodoviária Federal (PRF), causou vasta indignação. Ou seja, o flagelo da fome e a escalada da violência são produtos do bolsonarismo, o que amplia, dramaticamente, a destruição em curso das condições de vida e das perspectivas de futuro da maioria da população brasileira.

Dados da pesquisa da Fundação Getúlio Vargas (FGV), divulgada na semana passada, demonstram que nos últimos dois anos (2019-2021) houve uma ampliação do risco de fome no Brasil. A pesquisa da FGV-Social constatou que 36% das famílias brasileiras mais pobres foram atingidas pela volta da fome, em especial as famílias chefiadas por mulheres.

O estudo apontou ainda que foi pela primeira vez que a insegurança alimentar brasileira supera a média simples mundial. Comparando a média simples de 120 países com o Brasil, antes e durante a pandemia da covid-19, a insegurança alimentar aumentou 1,5 pontos percentuais no mundo contra 6 pontos percentuais no país, revelando o descaso do governo Bolsonaro no enfrentamento da fome e da miséria.

No Brasil, a fome tem cor, geografia e o corte de gênero, é o que indica os dados da pesquisa. O aumento da insegurança alimentar entre os 20% mais pobres no Brasil durante a pandemia foi de 22 pontos percentuais, saindo de 53% em 2019 e chegando a 75% em 2021, nível próximo do país com maior insegurança alimentar da amostra Zimbawe (80%).

Já os 20% mais ricos experimentaram queda de insegurança alimentar de três pontos percentuais — indo de 10% para 7%, pouco acima da Suécia (5%), país com menos insegurança alimentar.

Na comparação com média global de 122 países em 2021, os 20% mais pobres no Brasil têm 27 pontos percentuais a mais de insegurança alimentar, enquanto os 20% mais ricos apresentam 14 pontos percentuais a menos.

As mulheres, principalmente aquelas entre 30 e 49 anos, onde o aumento da fome e da insegurança alimentar causaram um maior impacto, ainda padecem do dano da subnutrição de seus filhos, já que são essas mulheres, em geral, que cuidam das crianças.

Derrotar Bolsonaro para livrar o país da fome e do terror

É necessário denunciar em alto e bom som que a volta da fome, o aumento generalizado dos preços dos alimentos da cesta básica, do aluguel, do botijão de gás, dos combustíveis e das tarifas de energia, que têm penalizado as camadas mais pobres e médias da população, são um resultado direto da política econômica do governo da extrema direita.

O quadro é agravado pelo desemprego muito alto, com cerca de 14 milhões de trabalhadores, e a fome que castiga diariamente mais de 20 milhões de brasileiros e mais de 120 milhões padecem de algum tipo de insegurança alimentar, questões cruciais que demonstram na ponta o resultado da política genocida de Bolsonaro/Guedes.

O desemprego, a fome e a carestia serão, obrigatoriamente, temas da agenda da disputa presidencial de 2022, demandando propostas concretas para enfrentar os resultados da política de exclusão social e da recolonização neoliberal do Brasil.

Lula é o único líder político que reúne as condições para dialogar com a população mais empobrecida e apresentar propostas de retomada da economia e medidas emergenciais para derrotar a fome e o desemprego, recuperando o papel do estado na condução de políticas econômicas inclusivas e desenvolvimentistas, eliminar o arrocho fiscal contra os pobres e revogar o famigerado "teto de gastos".

Portanto, o voto em Lula é a saída política popular e democrática para liquidar o governo esfomeado de Bolsonaro e dos generais palacianos.

(30 de maio de 2022)

CIRO E O ÓDIO DELIRANTE E PATOLÓGICO CONTRA LULA E O PT

Vi praticamente todo o vídeo do bate-boca entre Ciro Gomes e Gregorio Duvivier — foi um momento lamentável para ambos.

Ciro, além da arrogância habitual, revelou um ódio sem limites contra Lula e o PT. Para ele, a atual desgraça em que o país foi jogado, o desalento da juventude e tudo mais — fome, desemprego, golpismo dos militares — é tudo culpa do PT. Uma inversão total da realidade.

Será difícil, e pouco provável, contar com Ciro no processo de enfrentamento político e eleitoral contra Bolsonaro e seus generais golpistas. Ciro entrou em parafuso e perdeu o eixo.

Como dizia o velho Brizola, do qual Ciro não tem nem um parentesco político e ideológico, o atual pré-candidato do PDT está "costeando alambrado" da direita, e da direita lavajatista, dos setores que nutrem um ódio permanente e de classe contra o PT. Ciro é um caso perdido.

Quando assaca raivosamente contra o Lulopetismo (neologismo inventado pela direita e carregado de preconceito de classe) utilizando pseudoargumentos progressistas, apenas tenta disfarçar ou despistar para os seus apoiadores o que de fato é, ou representa, seu atual pensando político.

O verniz nacionalista é uma camuflagem muitas vezes usada por tipos salafrários que pululam próximos da esquerda. A pregação de Ciro contra Lula, objetivamente, só serve para alimentar a tentativa de continuidade do projeto bolsonarista neoliberal e autoritário — o que vai exigir da campanha de Lula um diálogo com os eleitores e os pedetistas honestos, desde já.

Ciro, cabo Daciolo, Aldo Rebelo e uns punhados de neofascistas, travestidos de nacionalistas, que parasitam o PDT, pretendem apagar com o apelo ao ressentimento a brisa de esperança que sopra da campanha de Lula. Derrotar Bolsonaro, e seu projeto, é o que deve nos mover, mobilizando os nossos melhores instintos e esforços.

(25 de maio de 2022)

PRIVATIZAÇÃO DA ELETROBRAS: MAIS UM CRIME DE BOLSONARO CONTRA O BRASIL

O governo entreguista e neoliberal do presidente Jair Bolsonaro prepara mais um crime contra o futuro do Brasil: a privatização da Eletrobras. O sinal verde do Tribunal de Contas da União (TCU) para a venda da empresa é mais um capítulo da agenda do golpe de 2016, que abriu o atual período de desmonte de estatais e de empresas públicas estratégicas para o desenvolvimento econômico e soberano do país.

O processo de privatização da Eletrobras, a maior empresa de geração de energia do Brasil, teve início no governo golpista de Temer e agora foi acelerado por Bolsonaro.

O ministro de Minas e Energia, Adolfo Sachsida, um jagunço escalado para privatizar a Eletrobras, quer iniciar o falsamente chamado processo de "capitalização" ainda no mês de junho. O plano é reduzir a participação acionária da União de 72% para 45% do capital, uma criminosa liquidação do patrimônio público para engordar mais ainda os fabulosos lucros de acionistas e especuladores — é o que já acontece com a Petrobras, com os brasileiros pagando a gasolina mais cara do mundo.

Um efeito imediato será sentido no bolso da população trabalhadora, que já padece com a volta da inflação e da carestia, com as contas de luz mais caras e abusivas. Além da piora da qualidade dos serviços, é a experiência e o resultado prático das privatizações em setores essenciais — impactando negativamente no dia a dia da população.

O Brasil vai perder sua soberania e segurança energética caso a Eletrobrás seja privatizada, afirmou o ex-presidente Lula ao comentar o processo de venda da maior empresa de geração de energia do País. "As contas de luz devem ficar ainda mais caras. Só que quem não sabe governar tenta vender empresas estratégicas, ainda mais correndo para vender em liquidação", escreveu Lula no Twitter.

Privatização da Eletrobras é danosa ao país

A Eletrobrás é a maior empresa de geração e transmissão de energia elétrica da América Latina. Com 94% de seu portfólio de geração constituído por fontes de energias renováveis. A empresa está presente em todos os estados da União, opera usinas hidrelétricas que detêm 50% da capacidade total de armazenagem dos reservatórios do país, localizados nas mais importantes bacias hidrográficas, e 41% das linhas de transmissão de energia elétrica.

A Eletrobrás é também um instrumento de promoção de políticas públicas para o setor elétrico, desenvolvendo um papel decisivo na execução de programas sociais e na promoção do desenvolvimento econômico e social do país — principalmente nas regiões menos desenvolvidas. Vale lembrar o programa "Luz Para Todos" executado pelos governos petistas, que levou energia elétrica para os rincões mais afastados do Brasil.

Segundo especialistas, a privatização da Eletrobrás vai provocar ainda uma profunda desorganização do Setor Elétrico Brasileiro (SEB), com repercussões negativas a curto e médio prazo para toda sociedade brasileira.

O cenário internacional, conturbado por uma guerra na Europa, exige uma política mais ativa de fortalecimento do setor estatal de energia. A maioria dos países mais desenvolvidos tem adotado políticas de proteção e salvaguardas. O governo criminal e entreguista de Bolsonaro vai na contramão da tendência mundial.

O esquartejamento continuado da Petrobras, o processo em curso de privatização da Eletrobras e dos Correios indicam a necessidade urgente da remoção de Bolsonaro do governo. Mais uma vez fica claro que a política neoliberal de Bolsonaro é inseparável de suas ameaças autoritárias e golpistas.

Um triunfo popular nas urnas em outubro demanda uma nova política econômica — soberana e antineoliberal, que revogue e anule todas as medidas privatizantes e de alienação do patrimônio público e das riquezas do Brasil.

(18 de maio de 2022)

DIREITA RACISTA QUER CASSAR MANDATO DO VEREADOR NEGRO RENATO FREITAS EM CURITIBA

Uma batalha importante e simbólica contra o racismo estrutural e a odiosa perseguição política movida pela direita racista contra o mandato do vereador negro, petista e periférico, Renato Freitas (PT), será livrada em Curitiba na próxima semana.

Trata-se da tentativa de cassar o mandato de Renato, baseada na falsa narrativa de invasão da Igreja do Rosário, durante a realização de um ato antirracista de denúncia da morte do congolês Moïse Kabagambe, no mês de fevereiro — o petista foi alvo de cinco representações por quebra de decoro parlamentar.

O vereador do PT é acusado de liderar a manifestação — em frente e no interior da Igreja do Rosário -, perturbar e interromper a prática de culto religioso, realizar ato político no interior da Igreja e entrar de forma não autorizada no templo católico.

A própria Arquidiocese de Curitiba divulgou uma nota em que reconhece que não há motivo para a cassação do mandato do parlamentar curitibano.

Na última quarta-feira (4), o vereador Sidnei Toaldo (Patriota), relator do Processo Ético Disciplinar (PED) contra Renato Freitas (PT), concluiu seu parecer, de cabalísticas 13 páginas, em que pede a cassação do mandato do petista.

Toaldo, em seu controverso relatório, afirma que Renato Freitas teve condutas "flagrantemente atentatórias ao decoro parlamentar" e determina a pena de perda de mandato por "abuso de sua prerrogativa". O relator diz também que não existe a "possibilidade de se aplicar, ainda que discricionariamente, qualquer abrandamento da pena ou se mitigar reprimenda".

Na próxima terça-feira (10), uma nova reunião do conselho de ética foi marcada para a conclusão dos pareceres de seus integrantes, e em seguida a questão irá para deliberação do plenário da Câmara de Vereadores — composta por uma maioria de bancadas de direita e de viés político conservador.

A defesa jurídica de Renato Freitas pediu a anulação do conjunto do processo e enumerou várias irregularidades na condução do mesmo, inclusive o vazamento de áudio sobre uma ação articulada de pressão para obter os votos dos integrantes da comissão de ética.

Racismo estrutural e classista

O processo em curso, que pode culminar com a perda do mandato de Renato, é um indicativo da resistência de setores reacionários contra o protagonismo da população negra na luta secular por seus direitos. É, sem dúvida, mais uma manifestação antidemocrática e reacionária do racismo estrutural.

A mentalidade política e ideológica dos racistas de direita e extrema direita quer apagar e desconstruir a resistência secular da majoritária população negra e mestiça do Brasil, que luta e resiste para romper com os grilhões da brutal discriminação racial e classista. O mandato de Renato Freitas, obtido por expressiva votação, é um símbolo vivo dessa luta.

Nos últimos anos, a política de criminalização da pobreza, impulsionada pelo governo bolsonarista, tem um inegável corte racial e adquiriu uma dimensão de genocídio, com o avanço das atividades de milícias, somada ao habitual modus operandi, praticamente naturalizado, da violência das Polícias Militares (PMs) nos territórios de periferias —, habitados, majoritariamente, por populações negras.

O mandato de Renato Freitas tem sido também um ponto de

apoio e de referência na luta contra violência do aparato policial, que atinge principalmente a juventude negra e pobre.

Portanto, é urgente a defesa do mandato de Renato! É um gesto democrático — contra a intolerância e o racismo.

#RenatoFica! É necessário — e bom para Curitiba.

(8 de maio de 2022)

ELEIÇÕES NA FRANÇA: O FENÔMENO "MARINE DOS POBRES"

As eleições francesas neste domingo e o fenômeno "Marine" — agora somente o suave e doce "Marine" — o sobrenome pesado do clã foi deixado de lado. Leio em diversos jornais e sites europeus que "Marine" (outrora Le Pen), segundo as últimas pesquisas, continua tendo a preferência do voto entre a classe trabalhadora e das camadas mais empobrecidas da população da França. Trabalhadores urbanos, desempregados, camponeses arruinados, aposentados, jovens sem perspectivas e da imensa maioria dos "coletes amarelos", que apostam as suas fichas na candidata do Reagrupamento Nacional (ex-Frente Nacional).

O que explica o fenômeno? O pouco que consigo vislumbrar da situação, indica que o voto majoritário da população trabalhadora em "Marine" é, em primeiro lugar, de rechaço aos efeitos das brutais e seguidas políticas de ajustes neoliberais encaminhadas antes pelo finado Partido Socialista (PS), Sarkozy, e agora por Macron. Ou seja, por que os trabalhadores seguirão o apelo de setores de esquerda (verdes, residuais, como o PC) de votar em Macron? O governo de Macron foi exatamente o operador dessa desastrosa política, que só favoreceu os oligarcas franceses, as corporações econômicas da união europeia e empobreceu os trabalhadores.

Macron corporifica o poder do capital e, por isso, é rechaçado, odiado e desprezado pela população mais pobre, mesmo agitando o espantalho do fascismo contra a democracia e do conservadorismo de "Marine".

Segundo fator, o voto antissistema, que nesta eleição foi representado pela candidatura de Mélechon (União Popular/França Insubmissa), que por muito pouco não foi para o segundo turno contra o intragável Macron. Neste segundo turno, "Marine" tenta, com muita demagogia capitalizar, e tem conseguido. Não e à toa que Mélechon indicou a palavra de ordem de "nenhum voto para Le Pen", mas tampouco embarcou na canoa neoliberal de Macron. Apesar do assédio e do apelo ao voto contra o "perigo fascista", Jean-Luc Mélechon e sua base política adotaram uma posição mais cautelosa para o segundo turno.

Nesta semana, circulou a tese de Mélechon "primeiro-ministro", o que significaria, na prática, uma sinalização para a sua base política na direção de um acordo com Macron — o que pode ser apenas um "balão de ensaio" — a ver ...

A terceira questão que aproxima Marine do voto popular, é o discurso e a narrativa da reconstrução do poderio e do prestígio da França, da recuperação do orgulho nacional dos franceses, diminuído nos marcos da União Europeia e pela governança de Bruxelas.

Além do discurso nacionalista, mais suavizado nos últimos meses, em defesa da cultura e das tradições da França, contra as supostas ameaças representadas pelos imigrantes, principalmente de origem muçulmana. Os eixos políticos de caráter nacionalista encontraram apelo nas camadas menos consciente da classe trabalhadora, na pequena burguesia empobrecida e na chamada direita republicana tradicional (gaullistas, Chirac, entre outros).

Portanto, apesar das pesquisas indicarem o favoritismo de Macron, a "França profunda" pode surpreender nas urnas neste domingo. Também muitos analistas estimam uma grande abstenção dos eleitores mais jovens e de um vasto segmento do eleitorado de esquerda.

Por último, independentemente do resultado das urnas, a velha França vai continuar dividida e os dois candidatos/a representam, de modo diferenciado, os interesses do capital francês aliado ao imperialismo norte-americano e de seu braço armado na Europa — a Otan.

Nem Macron, nem Le Pen! Construir a França Insubmissa!

(24 de abril de 2022)

BOLSONARO PROVOCA STF E ESCALA NA RETÓRICA GOLPISTA PARA ANIMAR TROPA GOVERNISTA

A semana atravessada pelo feriado patriótico de 21 de abril, o dia em que homenageamos

Joaquim José da Silva Xavier, o "Tiradentes", foi marcada politicamente por uma nova provocação do presidente Jair Bolsonaro contra o Supremo Tribunal Federal (STF).

O ato de provocação de Bolsonaro consistiu na edição de um decreto presidencial que concede perdão (ou graça) da pena imposta ao deputado Daniel Silveira, condenado a 8 anos e 9 meses de prisão, pela corte suprema. O parlamentar, integrante do lumpesinato bolsonarista, que emergiu na onda da antipolítica favorecida pelo lavajatismo, foi sancionado por participar dos chamados atos antidemocráticos, pregar o fechamento do STF e por ataques diretos ao ministro Alexandre de Moraes.

A questão do indulto gerou intenso debate nos meios jurídicos do país e diversos especialistas condenaram a decisão do presidente. Em nota, a Associação Brasileira de Juristas pela Democracia (ABJD) manifestou seu repúdio ao decreto de Bolsonaro.

"O ato presidencial ocorre em flagrante desrespeito às regras constitucionais e demonstra clara intenção de descumprimento da decisão judicial do Supremo Tribunal Federal. A ideia doutrinária do indulto individual funda-se em razões humanitárias, não como uma revisão jurídica de mérito para beneficiar aliados políticos, o que afronta as regras do direito e a estabilidade das decisões judiciais. O episódio contribui para adensar ainda mais os temores de desestabilização programada pelo chefe do Poder Executivo, com o fim de afetar a normalidade do processo eleitoral e o resultado das urnas", afirma o documento da ABJD.

Para além do debate sobre a legalidade do decreto de Bolsonaro, a questão remete, novamente, ao quadro de tensão permanente gerado pelo bolsonarismo, que promove a mobilização política de suas bases de extrema direita, apostando na ampliação do confronto com as instituições de estado.

A opção de Bolsonaro — e dos generais palacianos — é clara: diante do tamanho da crise, ele faz movimentos no sentido de abrir caminho para um regime de força. Vale lembrar que o governo da extrema direita conta com o apoio sólido de cerca de 30% da população e com a boa vontade de segmentos poderosos das classes dominantes — do agronegócio, do sistema financeiro e da casta militar, por exemplo.

Tudo indica que um dos eixos centrais da campanha eleitoral bolsonarista será o apelo ao discurso da radicalização, do ódio aos segmentos populares e de esquerda, polarizando abertamente com a candidatura do ex-presidente Lula. Ao mesmo tempo, o governo vai lançar mão de toda sorte de mecanismos criminosos de aparelhamento da máquina estatal — via a transferência de recursos para prefeituras, programas sociais de fachada e do orçamento secreto —, um vale tudo como revela o atual escândalo de corrupção no MEC.

A situação política também pode se encaminhar, nos próximos meses, para uma espécie de "equilíbrio catastrófico", um conceito desenvolvido pelo teórico comunista Antonio Gramsci. No momento, Bolsonaro ainda não reuniu as condições para executar um golpe de força, esmagando a oposição de conjunto. Uma solução de tipo "cesarista" só será possível com a arbitragem decisiva das Forças Armadas e dos donos do dinheiro.

De toda forma, a situação é perigosa, requer vigilância e mobilização das forças democráticas e populares.

Neste sentido, é necessário que a esquerda partidária e social impulsione uma grande jornada de mobilização de rua no 1° de maio, denunciando a destruição do país, a fome e o desemprego em contraposição ao discurso golpista de Bolsonaro.

(23 de abril de 2022)

BOLSONARO É O RESPONSÁVEL PELO SAQUE FAMÉLICO EM SUPERMERCADO DO RIO

Os festejos da Páscoa que tomaram conta dos sentimentos de parte das famílias brasileiras neste fim de semana, também mostraram o crescente abismo social do país: enquanto uma parcela festeja e degusta as comidas típicas do tempo pascal, milhões de brasileiros estão mergulhados no desespero da fome e da indigência, são famílias do andar de baixo da sociedade, jogadas na zona da exclusão social, após as sucessivas políticas de destruição de direitos sociais e do desemprego — agravadas durante a pandemia e pela nefasta política econômica do governo bolsonarista.

O saque famélico ocorrido na noite de sábado (17) no supermercado da rede Inter, em Inhaúma, zona norte do Rio de Janeiro, revela a escalada do flagelo da fome e da insegurança alimentar, que atingem com maior intensidade a população mais pobre das periferias das capitais e regiões metropolitanas — um cenário dramático.

É necessário dizer em alto e bom som que o aumento generalizado dos preços dos alimentos da cesta básica, do aluguel, do botijão de gás, dos combustíveis e das tarifas de energia, que têm penalizado as camadas mais pobres e médias da população, são um resultado direto da política econômica do governo da extrema direita e de seus sócios do Centrão.

Portanto, Bolsonaro e Paulo Guedes são os responsáveis políticos e institucionais do saque famélico ocorrido em Inhaúma. O governo federal, e não a população do local, é que deve ser responsabilizado.

Além disso, o desemprego continua muito alto, cerca de 14 milhões de trabalhadores, e a fome castiga diariamente mais de 20 milhões de brasileiros e cerca de 120 milhões padecem de algum tipo de insegurança alimentar, questões cruciais que demonstram na ponta o resultado final da política genocida de Bolsonaro/Guedes.

O Departamento Intersindical de Estatística e Estudos Socioeconômico (Dieese) aponta que a alta da cesta básica nos últimos três anos é a maior desde o Plano Real. "A inflação atual é perversa, porque está focada nos alimentos básicos e nos bens e serviços, como energia elétrica e gás de cozinha. Produtos como carne, café e pão aumentaram muito além da inflação. Alguns produtos que integram a cesta básica oscilaram de preços entre 48% e 156%", diz a pesquisa do Dieese.

O desemprego, a fome e a carestia serão, obrigatoriamente, temas da agenda da disputa presidencial de 2022, demandando propostas concretas para enfrentar os resultados da política de exclusão social e recolonização do Brasil.

Para além dos arranjos eleitorais, Lula é o único líder político que reúne as condições para dialogar com a população mais empobrecida e apresentar propostas na direção do enfrentamento prioritário, com medidas emergenciais, contra a fome e garantir o direito à vida para milhões de brasileiros/as.

Resta saber, se a esquerda — partidária e social — atuará de forma combativa e diligente para impulsionar um amplo movimento contra a fome e a carestia, canalizando os protestos para uma saída política que derrote nas ruas e nas urnas o governo esfomeador de Bolsonaro.

(18 de abril de 2022)

SEMIPRESIDENCIALISMO: GOLPE CONTRA LULA E PARA BLINDAR O ORÇAMENTO SECRETO DO "CENTRÃO"

O presidente da Câmara dos Deputados, Arthur Lira (PP-AL), é um homem precavido e que pensa no futuro, ou melhor, na preservação do poder da sua turma política. Um dos líderes do "Centrão", Lira pretende construir um seguro contra uma possível vitória do ex-presidente Lula, com o objetivo de manter a agenda neoliberal de desmonte do país e para blindar o orçamento secreto — fórmula encontrada por Bolsonaro para garantir uma base parlamentar no Congresso Nacional.

Nesta quarta-feira (13), a comissão do semipresidencialismo realizou uma nova reunião e prepara audiências públicas para debater o tema. O grupo é formado por dez deputados e tem 120 dias para concluir seus trabalhos, prazo que acaba em julho e pode ser prorrogado pelo presidente da Câmara.

No invento semipresidencialista, a chefia de governo cabe a um primeiro-ministro eleito pelo Congresso Nacional, subtraindo poderes do presidente da República. Atualmente, o presidente acumula as duas atribuições de chefe de estado e de governo.

A defesa do semipresidencialismo é impulsionada por segmentos da velha direita neoliberal que, sem perspectiva eleitoral consistente, recorrem ao habitual receituário do golpe preventivo, apresentando soluções golpistas com uma falsa aparência democrática.

Além disso, os setores mais dinâmicos das classes dominantes — e suas instituições políticas e econômicas — operam uma saída política que assegure a proteção de seus interesses e privilégios — ampliados a partir do golpe de 2016 contra o mandato da presidenta Dilma Rousseff.

O golpista Michel Temer, um defensor da adoção do semipresidencialismo, argumenta: "O primeiro-ministro não precisa ser necessariamente um parlamentar. Os governos podem se suceder tranquilamente, sem traumas. O presidente pode dissolver o Parlamento e isso não precisa ser uma crise. Dentro do seu papel, o Executivo pode governar, a oposição pode se opor adequadamente e o Parlamento sustenta ou não o modelo proposto".

O semipresidencialismo esmaga a vontade popular e mutila um futuro governo de tipo mudancista e antineoliberal, conduzido por forças políticas identificadas com os anseios populares. A manobra tem um endereço certo: castrar um governo encabeçado por uma coalizão liderada por Lula e pelo Partido dos Trabalhadores (PT).

O projeto é regressivo e de viés golpista — uma espécie de seguro contra Lula, apesar do esforço do petista para acalmar o "andar de cima". Vale lembrar que um plebiscito sobre o sistema de governo, em 1993, garantiu por ampla margem de votos a permanência do sistema presidencialista.

Golpe contra a vontade popular

O ex-presidente Lula, durante ato de filiação do ex-governador Roberto Requião ao PT em Curitiba, no mês de março, criticou duramente a proposta para instituir um regime semipresidencialista de governo: "Eles criaram uma coisa chamada orçamento secreto, que é um orçamento lesa-pátria, que é um orçamento em que os deputados começam a governar o país ao invés do governo governar e eles já anunciaram uma comissão que vai criar o semipresidencialismo. Ou seja: eles não conseguiram aprovar o parlamentarismo com dois plebiscitos no país, e eles então vão tentar fazer uma mudança na Constituição para criar o semipresidencialismo. Vocês elegem o presidente, vocês pensam que o presidente vai governar, mas quem vai governar é a Câmara através do presidente e dos deputados", afirmou Lula.

A opção do semipresidencialismo deve ser encarada como mais uma jogada no xadrez da sucessão presidencial diante do colapso da direita tradicional e da permanente instabilidade gerada pelo bolsonarismo, apesar de sua fidelidade e compromisso na execução da agenda neoliberal.

O intento de Arthur Lira indica também que a defesa da convocação de nova Assembleia Nacional Constituinte, no bojo de triunfo popular nas urnas, é uma demanda política indispensável para abrir caminho na direção de reformas profundas das carcomidas instituições do Estado nacional, enfrentar a questão da tutela militar e remover o oligárquico sistema político e eleitoral vigente, sob controle do poder econômico das diversas frações da burguesia nacional — sócia menor das potências imperialistas no projeto recolonização do Brasil.

(13 de abril de 2022)

LULA "SEM FILTRO" E OS PATRULHEIROS DE PLANTÃO

A semana foi carregada de novos fatos políticos, desenhando variados cenários de análises para uma conjuntura volátil e radicalmente polarizada: assistimos ao funeral da candidatura presidencial de Moro; o barata voa na velha direita golpista e neoliberal, que tenta arranjar um candidato/a de proveta; a confirmação da liderança de Lula nas novas pesquisas e um pequeno crescimento de Bolsonaro, que amealhou intenções de votos no orfanato lavajatista; a entronização do "companheiro" Geraldo Alckmin em possível chapa com Lula; a disparada incontrolável da onda inflacionária, o surgimento de greves por recomposição salarial e o escândalo de corrupção eleitoral no MEC — aparelhado e devastado.

Ou seja, assunto é que não falta para cometer um artigo aqui neste democrático e nobre espaço. No entanto, um assunto prendeu a minha atenção durante a semana e deu muito pano pra manga, como dizia a minha velha e sábia mãe, a dona Adelina. Trata-se das declarações do ex-presidente Lula sobre a necessidade da descriminalização do aborto ("uma questão de saúde pública", disse ex-presidente com justeza e equilíbrio), ele anunciou que vai desalojar "oito mil militares" aboletados em cargos nos ministérios e empresas estatais e sugeriu ainda para acomodados sindicalistas uma pressão mais direta sobre parlamentares na luta por suas reivindicações.

As declarações de Lula provocaram um "deus nos acuda" em dirigentes petistas, em certos articulistas da mídia empresarial e de sites progressistas e em analistas políticos à direita e à esquerda do espectro político nacional. Toda essa gente apareceu com mil e uma recomendações sobre a hora e o momento adequado para tratar de assuntos polêmicos e controversos como, por exemplo, a questão da descriminalização do aborto.

Sobre a questão do aborto vou lançar mão do que escreveu a perspicaz articulista do Valor, Maria Cristina Fernandes: "Lula mostrou na noite de quarta-feira ao abordar, em evento da Fundação Perseu Abramo, o aborto. O discurso não poderia ter sido mais sensato. Trata-se de um tema de saúde pública e assim deve ser encarado. A criminalização escancara a desigualdade porque restringe o direito a quem tem dinheiro para fazê-lo e torna o aborto inseguro uma das principais mortes de morte materna no país. Homens não têm moral para criticar porque não são eles que arcam com uma gravidez indesejada".

Cristina Fernandes forneceu ainda argumentos mais sólidos, reforçando a validade e a pertinência da abordagem da questão pelo ex-presidente Lula. "O tema avançou na Argentina e no Chile e até no Brasil onde o Datafolha atestou um recuo de 64%, em 2016, para 57% dos brasileiros que são favoráveis à criminalização do aborto. A redução é substantiva, mas ainda atesta a resistência da maioria. O perfil dos aderentes explica porque: quanto mais instruído, jovem, urbano e menos religioso, mas favorável o brasileiro é a que a decisão seja da mulher", escreveu.

Os argumentos demonstrados no artigo de Cristina foram um ótimo e eficaz registro sobre a posição de Lula. Aliás, nesse particular, chama atenção o silêncio dos movimentos e lideranças feministas, com raras exceções, em defesa de Lula contra as pancadas e a hipocrisia da direita e extrema direita.

Sobre a legítima pressão e cobrança aos representantes do povo, Lula foi cristalino e não defendeu nenhum tipo de ação ou piquete violento nas residências dos nobres parlamentares e de seus familiares. É uma manifestação de um Lula em estado puro, com a sua velha verve combativa dos tempos sindicais. Um recado que não foi levado em conta pela cúpula das centrais sindicais, que realizou nesta semana uma chocha e burocrática Conclat em São Paulo. Já a resposta do bolsonarismo sobre a convocação de Lula foi de ameaças de violência e intimidação, com parlamentares exibindo pistolas em locais públicos e bradando discurso de ódio em tribunas parlamentares.

Em relação aos militares, Lula falou o óbvio. "Nós vamos ter que começar o governo sabendo que vamos ter que tirar quase 8 mil militares que estão em cargos de pessoas que não prestaram concurso. Vamos ter que tirar. Isso não pode ser motivo de bravata, tem que ser motivo de construção", disse o ex-presidente em encontro na sede da Central Única dos Trabalhadores (CUT), na semana passada.

As manifestações públicas de Lula não só foram acertadas, como expressam a necessidade de um debate com um maior sentido programático e mobilizador do eleitorado popular, enfrentando a delinquência e a rede de calúnias impulsionada pelo campo político da extrema direita bolsonarista e pelo refugo do lavajatismo.

O quadro de polarização exige da campanha de Lula posições claras e assertivas sobre as questões que dividem as opiniões dos brasileiros: a descriminalização do aborto, das drogas, dos novos direitos civis, da relação entre estado-religião, mecanismos de regulamentação da imprensa, da tutela militar, revogação das privatizações, taxação das grandes fortunas, fim das leis fiscais de blindagem neoliberal, convocação de uma nova Constituinte, entre outros temas.

A polarização é um fator político real, atravessa o dia a dia do brasileiro, o cotidiano das pessoas e das famílias. Não é recomendável agora na campanha fugir dos chamados "temas quentes", até porque o bolsonarismo já repete os velhos e surrados chavões contra a esquerda e o PT, mas que encontram acolhida entre os setores mais conservadores e reacionários das camadas médias e que impacta também na opinião de setores pobres e menos informados.

Lula sabe o que faz?

Neste episódio sobre as falas de Lula, foi reveladora e curiosa a posição de vários dirigentes do PT que defendem a palavra de ordem "Lula sabe o que faz", uma espécie de axioma que surgiu no processo de discussão da escolha do vice na chapa presidencial de Lula, e que justifica a indicação do ex-governador paulista Geraldo Alckmin e dos acordos eleitorais com as lideranças da velha direita na formação dos palanques estaduais.

Dessa vez, os mesmos arautos do "Lula sabe o que faz" não endossaram as posições do ex-presidente, revelando um adesismo apenas de ocasião, parcial, somente válido quando Lula modera o discurso ou adota uma postura mais conciliadora no plano político ou ideológico.

A patrulha para evitar um Lula "sem filtro" é mais um esforço para moderar mais ainda a campanha petista, que segue sem um rumo programático claro, com uma comunicação defensiva e sem diretrizes políticas e organizativas para mobilizar as bases do partido, vide a burocratizada e capenga campanha pela formação dos comitês populares de luta, um objetivo que só pode atingir êxito sob a orientação (e condução) concreta por uma campanha eleitoral de massas, que favoreça a iniciativa e o protagonismo da militância.

Lula, na atual fase de pré-campanha, pautou a agenda do debate político quando fez uma denúncia mais vigorosa do governo criminoso de Bolsonaro, quando anunciou que vai acabar com o teto dos gastos, quando declarou que vai revogar a reforma trabalhista, quando disse que vai mudar a política da Petrobras e "abrasileirar" o preço da gasolina.

Portanto, deixem o Lula livre e solto para falar.

(9 de abril de 2022)

A CAMPANHA ELEITORAL E A DEFESA DE UMA PETROBRAS PARA OS BRASILEIROS

Uma questão promete esquentar mais ainda a pauta da disputa eleitoral em curso no país, obrigando uma definição dos candidatos à presidência da República. Trata-se do futuro da Petrobras e sobre o lugar da empresa estatal no projeto de reconstrução econômica do país. Um debate que também é polarizado, como quase todo tema de interesse público nos últimos anos.

Uma pesquisa divulgada nesta sexta-feira (1) pelo PoderData revela que 54% dos entrevistados são contra a privatização da empresa, 30% são favoráveis e 16% não sabem ou não opinaram. O levantamento foi realizado entre os dias 27 e 29 de março e ouviu 3 mil pessoas em todos os 27 estados da federação.

Apesar da criminosa e permanente campanha do governo Bolsonaro e da mídia empresarial pela privatização integral da Petrobras, a pesquisa revela que cresce entre os brasileiros uma opinião contra a política sistemática de desmonte e venda fatiada da estatal, uma política antinacional e intensificada após o golpe contra o mandato da presidente Dilma Rousseff — e que foi um alvo prioritário da Operação Lava Jato.

A sanha privatista do governo Bolsonaro provocou, de imediato, uma elevação constante nos preços dos derivados de petróleo de amplo consumo popular — gasolina, gás de cozinha, óleo diesel —, impactando no bolso e nas condições de vida da classe média e dos trabalhadores.

A adoção pela Petrobras do mecanismo do Preço de Paridade de Importação (PPI), instituído pelo golpista Temer e aplicado por Bolsonaro, dolarizou os preços domésticos dos combustíveis, o que teve o efeito nefasto de elevar o patamar do atual ciclo inflacionário.

Bolsonaro quer a privatização total da Petrobras

A resposta do governo Bolsonaro para a crise nos preços dos combustíveis é a promessa de intensificar o processo de privatização total da Petrobras. Neste sentido, a indicação do lobista Adriano Pires no lugar do general entreguista Joaquim Silva e Lula aponta para uma radicalização da política privatizante.

Adriano Pires, o especialista em petróleo de estimação da Rede Globo, defende abertamente a venda das refinarias da estatal, a maior abertura para exploração de novas áreas e blocos do pré-sal e até adoção do *fracking* (método de extração de combustíveis líquidos e gasosos do subsolo, chamado também de fraturamento hidráulico) para aumentar a produção de gás natural liquefeito.

A entrega do comando da Petrobras para Adriano Pires significa a continuidade da transferência da renda petroleira para um reduzido grupo de acionistas nacionais e estrangeiros. Enquanto isso, o povo brasileiro vai continuar pagando mais de R$ 130 pelo botijão de gás, R$ 8 reais pela gasolina, mais de R$ 7 pelo litro do diesel e cerca de R$ 5 reais pelo Etanol.

O governo do presidente Jair Bolsonaro tenta fugir da responsabilidade da elevação dos preços dos combustíveis, ora procurando bodes expiatórios de ocasião, como foi o caso da demissão de Luna e Silva, ora jogando a culpa na guerra de Putin contra a Ucrânia. No entanto, o debate sobre o preço dos combustíveis — e, além disso, do papel estratégico da Petrobras — tende a ganhar muito espaço no processo da disputa eleitoral, demarcando posições e definindo os campos políticos.

Lula quer "abrasileirar" o preço dos combustíveis

O ex-presidente Lula, favorito nas intenções de votos em todas as pesquisas eleitorais, tem defendido o fim da política de dolarização dos preços dos combustíveis, o que tem servido, segundo o petista, para "beneficiar especuladores e acionistas internacionais".

"Não tem sentido o preço da gasolina ser internacional. O preço vai ser brasileiro, porque os investimentos são feitos em real. Enquanto a gente enriquece os acionistas, a gente empobrece a sociedade brasileira, isso é uma coisa descabida. Não existe nenhuma razão para que a gente tenha o preço da gasolina, do óleo diesel, o preço do gás dolarizados. Acontece que quando se destruiu a BR, em nome do desenvolvimento, de repartir em várias empresas, o que aconteceu? Destruiu-se a BR e hoje temos 392 empresas importando gasolina dos Estados Unidos, importando gasolina a preço de dólar quando a nossa gasolina é produzida em reais. É importante que o preço da gasolina seja em função da nossa moeda, em função do nosso custo real", afirmou Lula.

O ex-senador Roberto Requião (PT-PR), pré-candidato ao governo do Paraná, tem alertado para a necessidade da defesa de uma Petrobras a serviço dos interesses nacionais e para impulsionar um projeto de desenvolvimento do país. Segundo Requião, "a privatização da Petrobras é a recolonização do Brasil".

Um efetivo projeto de reconstrução e transformação do país demanda a defesa do controle estatal da renda da exploração e produção do petróleo — e que se converta numa alavanca para enfrentar as imensas disparidades sociais do Brasil.

Portanto, a campanha eleitoral de Lula precisa combater duramente as propostas privatistas da extrema direita bolsonarista e dos esquálidos candidatos da 3ª via neoliberal, que defendem em bloco a privatização total da Petrobras.

(2 de abril de 2022)

ASTROJILDO PEREIRA E O CENTENÁRIO DE FUNDAÇÃO DO PARTIDO COMUNISTA

Nesta data em que se comemora o centenário de fundação do Partido Comunista é indispensável o resgate da figura política e histórica de Astrojildo Pereira (1890-1965). Astrojildo Pereira Duarte Silva, nasceu em 8 de novembro de 1890, em Rio Bonito (RJ), e faleceu em 21 de novembro de 1965.

Astrojildo desenvolveu uma intensa atividade política e intelectual até o fim de sua atribulada vida. Esteve na liderança da fundação do Partido Comunista — seção brasileira da Internacional Comunista, em 1922. Foi seu primeiro secretário geral entre 1924 e 1930 e um dos fundadores do Jornal A Classe Operária, em 1925, órgão central do partido.

Entre 1919 e 1924, Astrojildo Pereira dedicou-se ao esforço pela organização nacional de um partido comunista. Em 1922, de 25 a 27 de março, em Niterói, com a condução de Astrojildo, foi fundado o Partido Comunista reunindo nove delegados, que representavam 73 militantes espalhados em pequenos núcleos no país. Apesar da intensa perseguição policial, o encontro foi finalizado com êxito, aprovando os estatutos e o pedido de ingresso na Internacional Comunista — o que se concretizou em 1924.

Militante de origem anarquista, como os outros fundadores do novo partido, Astrojildo Pereira atuou na Confederação Operária Brasileira (COB) nas primeiras décadas do século XX, participando de greves e até de tentativas insurrecionais.

Propagandista de talento, jornalista e escritor, impulsionou a criação de inúmeros jornais, revistas e brochuras que circulavam no meio operário e que acabavam também nas estantes e coleções da polícia política da velha República.

Junto com Otávio Brandão, Paulo de Lacerda e Cristiano Cordeiro, constituiu um primeiro núcleo teórico do pensamento marxista no país, desenvolvendo os estudos iniciais sobre uma teoria da revolução brasileira. Temas e questões sobre o papel da diminuta classe operária, a questão agrária e a predominância econômica do latifúndio, a pequena burguesia urbana e os intelectuais foram as preocupações teóricas desse núcleo pioneiro do pensamento de esquerda no Brasil.

No final dos anos 20 e no decorrer dos anos 30, as divisões e conflitos no movimento comunista e na própria União Soviética impactaram no jovem e imaturo partido, alcançando o próprio Astrojildo, que passou a viver uma longa fase de ostracismo político — era marginalizado tanto pela vertente stalinista quanto pela vertente trotskista do comunismo brasileiro.

Noo final dos anos 50, no curso de uma nova orientação política e programática do então PCB, resultado dos ventos da desestalinização do XX Congresso do PCUS (1956), Astrojildo foi na prática reabilitado pela direção partidária, desenvolvendo intensa atividade entre a intelectualidade de esquerda e progressista.

Vale lembrar ainda dois episódios marcantes e de intensa repercussão com o protagonismo de Astrojildo: o primeiro episódio ficou conhecido como a "última despedida" de Machado de Assis, imortalizado na crônica de Euclides da Cunha. Tratase da visita do jovem Astrojildo Pereira ao leito de morte de Machado de Assis, em 29 de setembro de 1908. Astrojildo era um ardente admirador e estudioso da obra de Machado. A segunda iniciativa foi a viagem de Astrojildo até a Bolívia para convidar o líder tenentista Luís Carlos Prestes, exilado na Bolívia em 1927, após a longa marcha da Coluna Invicta, para ingressar no PCB.

A última atividade de Astrojildo foi na edição da revista Estudos Sociais voltada para assuntos do mundo da cultura, aglutinando intelectuais e pensadores em torno do resgate de uma cultura nacional-popular. O velho militante também sofreu a perseguição da ditadura militar.

Em novembro de 1965, a longa trajetória de Astrojildo Pereira, um homem de ação e revolucionário intenso, cessou com sua morte, mas deixando para as futuras gerações o legado em defesa de um marxismo livre de amarras sectárias e da mentalidade esquemática e doutrinarista — uma inestimável contribuição para todos e todas que defendem uma perspectiva socialista para superar os dilemas políticos e os impasses estruturais do Brasil.

E viva o centenário de fundação do Partido Comunista no Brasil!

(25 de março de 2022)

É PRA VALER: REQUIÃO NO PT

O ex-governador do Paraná Roberto Requião, que também foi senador e prefeito de Curitiba, decidiu se filiar ao Partido dos Trabalhadores (PT) para disputar o governo do estado, reforçando o projeto político e eleitoral do ex-presidente Luiz Inácio Lula da Silva na estratégica região sul.

O ato político de filiação de Roberto Requião será na próxima sexta-feira (18), em Curitiba, com a presença do ex-presidente Luiz Inácio Lula da Silva. O ex-governador deixou o MDB, em agosto do ano passado, após a legenda passar para o controle do atual governador, Ratinho Jr. (PSD) — um aliado do presidente Jair Bolsonaro.

O projeto liderado por Requião, que reúne diversas forças políticas de esquerda e progressista, defende uma mudança de rumos no Paraná, que foi atirado na última década no descalabro de uma política de privatização de suas mais importantes empresas públicas — Copel, Sanepar, Copel Telecom, Celepar, Compagas —, no desmonte dos serviços públicos e na destruição de programas de inclusão social.

O Paraná ainda convive com a brutal pilhagem das empresas concessionárias dos pedágios nas estradas, o mais caro do país — uma herança dos governos tucanos. O povo é assaltado diariamente nas praças de pedágio, um fator que agrava a inflação, pressionando para cima os preços de serviços e produtos, o que impacta negativamente na economia dos médios e pequenos municípios.

Compromisso com o povo trabalhador

O presidente estadual do PT, deputado Arilson Chioratto, define claramente o sentido do projeto Requião governador 2022. "Precisamos de proteção do Estado, precisamos que os governantes exerçam o papel social para que foram eleitos, que é representar as necessidades da população. Porém, atualmente, o que vemos é a defesa dos interesses de uma minoria, através de privatizações e da redução da qualidade dos serviços públicos", aponta o dirigente petista.

Em encontro com dirigentes de centrais sindicais (CUT, Força Sindical, Nova Central e CTB), na última quarta-feira (9), o pré-candidato Roberto Requião criticou duramente os rumos que o Paraná tomou nos últimos anos. "O Paraná tornou-se espaço privilegiado para negociatas, com as privatizações, concessões e benesses que fazem o estado mínimo para o povo, mas máximo para o capital. Para o povo impõem tarifas abusivas de água e luz, já para os sócios privados da Sanepar e Copel ganhos exorbitantes; altos impostos para as empresas locais e isenções secretas e generosas para as multinacionais; estrangulamento salarial para professores, policiais e servidores em geral e farra com o dinheiro público para os amigos do Ratinho) Junior e empresas do pai. Precisamos mudar isso", denunciou.

Segundo Requião, é necessário a construção de um programa de governo que privilegie o respeito e a dignidade do trabalhador. "É preciso a volta de um governo que recomponha as perdas salariais e previdenciárias do funcionalismo; que restabeleça uma política de valorização do salário-mínimo regional; que congele as tarifas de água e luz, que reduz o impostos da pequena empresa e zere os impostos da microempresa; que não dê às empresas estrangeiras nenhuma vantagem que não possa ser igualmente concedida às empresas paranaenses. São compromissos como esse que assumo e que, juntos, poderemos transformar em realidade".

Voto pelo Fora Bolsonaro e Ratinho

Apesar da demagogia eleitoreira e da farra do orçamento secreto, Bolsonaro segue atrás de Lula em todas as pesquisas eleitorais. E o ex-juiz Sergio Moro, da 3ª via, padece de um profundo raquitismo eleitoral, até aqui no Paraná, desmoralizado pela farsa da Lava Jato e por uma série recente de escândalos: os ganhos financeiros não declarados na Alvarez & Marsal e da misoginia de seus cabos eleitorais do Movimento Brasil Livre (MBL).

Pesquisas eleitorais e estudos de inúmeros cientistas políticos sobre as eleições de 2022, indicam uma tendência de valorização da experiência dos gestores públicos. Ou seja, de políticos com uma trajetória conhecida pelo eleitorado, um contraponto à onda disruptiva da antipolítica de 2018, que abriu espaços para uma gama de aventureiros do tipo de Wilson Witzel, no Rio de Janeiro, Romeu Zema, em Minas Gerais, Carlos Moisés, em Santa Catarina, e Ratinho Jr, no Paraná.

A maioria das pesquisas também têm demonstrado uma intenção de voto do eleitor na oposição ao governo Bolsonaro e de seus aliados nos estados.

A decisão de Requião é um desfecho de uma longa trajetória de parceria política com o

PT e com Lula. Em 1989, Requião apoiou a candidatura presidencial do petista e durante os governos de Lula e Dilma, mesmo com críticas sobre aspectos da política econômica, foi um combativo e leal aliado. Esteve também na linha de frente da luta em defesa do mandato da presidente Dilma Rousseff e da campanha pela liberdade do ex-presidente Lula, preso injustamente pela Lava Jato.

Nos próximos dias, o PT e partidos aliados farão um novo giro de encontros em todas as regiões do estado, impulsionando o projeto democrático e popular de Lula e Requião para derrotar as forças entreguistas e neoliberais no Paraná e no Brasil.

(12 de março de 2022)

PICARETAGEM POLÍTICA, MISOGINIA E PERVERSÃO SEXUAL DO MBL AFUNDAM MORO

O Movimento Brasil Livre (MBL) é um verdadeiro combo explosivo de práticas de picaretagem política, de misoginia e perversão sexual. O grupo reúne uma escória que transitou das redes sociais para a cena política no bojo da escalada golpista de 2014-2016 contra o governo da presidente Dilma Rousseff (PT).

O MBL é o principal grupo militante de apoio à candidatura presidencial de Sergio Moro (Podemos), um projeto artificial da chamada 3ª via e contra os interesses nacionais do Brasil — que foi devastado pela operação Lava Jato comandada pelo ex-juiz e uma gangue de procuradores de Curitiba.

Após algumas semanas, quando o deputado federal Kim Kataguiri, líder do MBL, chocou o país com uma declaração favorável à legalização do partido nazista, agora foi a vez do deputado estadual Mamãe Falei (Arthur do Val), pré-candidato ao governo de São Paulo pelo partido de Moro, que, em áudios para um grupo de WhatsApp de simpatizantes, fez uma série de declarações repugnantes e misóginas, de caráter sexual, sobre as mulheres ucranianas, alcançadas por uma guerra de agressão movida pelo governo russo contra a Ucrânia.

Alguns trechos das infames e nojentas declarações de Mamãe Falei são estarrecedores. "Maluco, eu juro. Nunca na minha vida, e tenho 35 anos, vi nada parecido em termos de menina bonita. A fila das refugiadas, irmão, sei lá, de 200 metros mais, só deusa [sic]. Se você pegar a fila da melhor balada do Brasil, na melhor época do ano, não chega aos pés da fila dos refugiados aqui", declarou.

Mamãe Falei continua as falas. Desta vez, em tom de maior perversão, afirmou: "Detalhe, hein?! Elas são fáceis, porque são pobres. Aqui, minha carta do Instagram funciona demais. Não peguei ninguém, mas colei em duas mina [sic]. É inacreditável a facilidade. Essas minas em São Paulo, você dá bom-dia e ela ia [sic] cuspir na tua cara".

O deputado ainda avança na misoginia. Abusando de imagens sexuais sobre a "indústria criminosa" do turismo sexual no Leste Europeu, dispara: "São *gold diggers* que chama, né?".

Mamãe Falei, muito excitado, sem querer, ainda faz uma revelação confidencial sobre seu companheiro do MBL, Renan Santos, também presente na excursão pela Ucrânia. Segundo o parlamentar, Renan viaja aos países do Leste Europeu "todos os anos só para pegar loiras". É o chamado *tour de blondes*, um roteiro de turismo sexual nos países do Leste Europeu — cidades da Romênia, República Tcheca, Hungria, Eslováquia e Moldávia integram a rota do negócio da escravidão sexual de mulheres brancas.

Neste sábado (5), Mamãe Falei desembarcou em São Paulo e tentou, sem sucesso, justificar as falas preconceituosas e machistas. "Sou homem, sou jovem, foi empolgação. Vi um monte de mulheres bonitas sendo simpáticas, talvez porque em São Paulo as mulheres sejam mais inacessíveis", disse.

Em entrevista, o parlamentar explicou que o áudio foi enviado a um grupo privado e produzido em um momento de descontração, quando ele teria atravessado a fronteira da Ucrânia com a Eslováquia.

As consequências políticas dos áudios vazados de Mamãe Falei são graves: implicam na possibilidade de cassação imediata de seu mandato e o fim de sua bizarra candidatura ao governo paulista. Além disso, o episódio gerou uma forte onda de repúdio em diversos setores políticos e sociais, inclusive no seu partido.

A boçalidade de Mamãe Falei/Arthur do Val também representou um duro golpe na candidatura de Sergio Moro, que apresenta um reduzido índice de intenções de votos nas recentes pesquisas eleitorais, minguando as expectativas do projeto entreguista e revanchista do lavajatismo.

A semana foi, especialmente, adversa para Sergio Moro. Durante uma agenda de précampanha em Maringá, sua terra natal, na manhã de sexta-feira (4), nas instalações da Cooperativa Agroindustrial Cocamar, uma explosão causou a morte de dois operários, o que provocou o término da visita.

A campanha de Moro sofre ainda um pesado assédio do bolsonarismo, que busca recuperar votos entre o eleitorado lavajatista. Em Curitiba, já prevalece um clima de derrotismo entre os parlamentares e lideranças do Podemos.

(5 de março de 2022)

GUERRA RÚSSIA-UCRÂNIA: A EXTREMA DIREITA QUE VIBRA POR PUTIN E A "NOVA ORDEM INTERNACIONAL"

Diz um velho ditado que, numa guerra, a primeira vítima é a verdade. No atual conflito bélico entre Rússia e Ucrânia, velhas mentiras, meias verdades, *fake news* e narrativas das partes em confronto são utilizadas como armas de guerra — tudo mais potencializado pelo alcance e a porosidade das redes e mídias sociais.

Pois bem, um dos argumentos da narrativa de Putin para justificar a agressão à Ucrânia, é o da suposta "desnazificação" do país, governado pela extrema direita, e comandado por Volodymyr Zelensky. É verdade que existem e atuam partidos e milícias nazistas na Ucrânia, porém são forças minoritárias, que não atingiram 5% dos votos nas últimas eleições presidenciais.

Partidos como o Svobada (União Pan-Ucraniana pela Liberdade) e o Setor Direita não contam com representação no parlamento nacional ucraniano. Há ainda milícias paramilitares que atuam no leste do país e travam combate contra as repúblicas separatistas de Donetsk e Luhansk, pró-Rússia — e o notório Batalhão Azov, que foi incorporado à Guarda Nacional da Ucrânia.

O argumento de Putin pela "desnazificação" do país vizinho tropeça quando uma mirada mais detida sobre o mosaico de facções políticas-ideológicas que apoiam o seu governo, mostra a sólida presença de forças de extrema direita: conservadores fundamentalistas, ultranacionalistas, pan-eslavistas, monarquistas e nazifascistas. São dezenas de grupos, pequenos partidos e milícias atuando no país e defendendo o ideário putinista de reconstrução da "Grande Rússia" e por uma "Nova Ordem Internacional" . Muitos desses grupos e ativistas também atuam em correntes do partido governante, o Rússia Unida (em russo Единая Россия).

Após o fim da União Soviética e o trauma de uma selvagem e mafiosa restauração capitalista, ganhou impulso na Federação Russa as teorias ultranacionalistas e paneslavistas, que voltaram a ter ampla audiência nas universidades, centros de pesquisas sociais, instituições culturais, na imprensa e na atividade política.

Nesse contexto, intelectuais como Sergey Karaganov (atualmente presidente honorário do Conselho Russo de Política de Relações Exteriores e Defesa, supervisor acadêmico da Escola de Economia Internacional e Relações Exteriores da Escola Superior de Economia — HSE em Moscou) e Alexander Dugin (filósofo, cientista político, diretor do Centro de Pesquisas sobre o Conservadorismo da Faculdade de Sociologia da Universidade Estatal de Moscou. Fundador do Movimento Internacional Eurasiano e ideólogo do nacionalbolchevismo e da IV Teoria Política) exercem forte influência em camadas superiores do establishment político russo, incluindo a diplomacia e o Exército.

No quadro atual de radicalização do debate político, que divide a esquerda no Brasil e no mundo sobre a guerra russo-ucraniana, é necessário o esforço para conhecer a motivação de fundo do grupo dominante que ocupou o poder na Rússia por quase três décadas. É possível afirmar que Putin é o representante de uma agressiva vocação expansionista e de uma visão reacionária de mundo, de sectárias e perigosas ideias pan-eslavas, portanto, antagônicas de qualquer traço progressivo, anti-imperialista, ou democratizador.

Conheça um breve perfil de alguns desses grupos que estão atuantes na cena política russa e que fornecem apoio militante ao governo de Putin:

- Milícias do Grupo Wagner (em russo Группа Вагнера) é uma organização paramilitar neonazista com vinculações no interior das Forças Armadas Russas. No momento, a milícia está engajada em combates nas diversas regiões da Ucrânia e tem bases na Crimeia anexada. Os milicianos da Wagner atuaram na Síria e prestam serviços para governos e empresas no Leste

Europeu e na África. A milícia é conhecida por uma atuação de extrema violência contra populações civis.

- Interbrigadas (em russo: Интербригады) é um movimento criado pelo antigo partido político Nacional Bolchevique. A brigada "A Outra Rússia" participa diretamente do conflito armado no leste da Ucrânia ao lado dos defensores da República Popular de Donetsk e da República Popular de Luhansk
- Exército Ortodoxo Russo (em russo: Русская православная армия, Russkaya pravoslavnaya armiya) é um grupo militante do Leste da Ucrânia que foi fundado em maio de 2014, como parte da insurgência em Donbass.
- Batalhão de Unificação e Renascimento Eslavo ou Batalhão Svarozhich — O batalhão foi formado por membros do movimento Rodnovery (fé nativa eslava), no seu auge 1.200 combatentes, que agora fazem parte da Brigada Vostok.
- Destacamento Jovan Šević (sérvio: одред «Јован Шевић») — grupo integrado por chetniks (os chetniks eram partidários da monarquia e colaboracionistas dos fascistas e nazistas durante a II guerra) sérvio Bratislav Živković, tem 450 combatentes.
- Unidades de Voluntários da RNU — Inclui voluntários da Unidade Nacional Russa e outras organizações neonazistas.

Além disso, facções de governos, de partidos e lideranças de extrema direita na Europa — com expressão política, bancadas no parlamento Europeu — simpatizam com muitas das ideias defendidas por Putin, Karaganov e Dugin. Na Hungria, Polônia e República Tcheca; na Áustria (FPÖ-Partido da Liberdade); na Alemanha (AfD) e na França

(Reagrupamento Nacional de Marine Le Pen e Reconquête de Erick Zemmour). Nos Estados Unidos, grupos vinculados ao movimento de Steve Bannon, e no Brasil setores do bolsonarismo, simpatizantes do legado do jornalista Olavo de Carvalho e os duguinistas da Nova Resistência.

Por último, faço minha torcida por um imediato cessar-fogo, o apoio às vítimas e deslocados pela guerra, uma saída negociada, com base nos princípios da autodeterminação dos povos e do direito internacional — sem anexações e sanções.

(2 de março de 2022)

MUDAR O RUMO DA PROSA E COLOCAR O POVO NA CAMPANHA DE LULA

Liderança de Lula, pesquisas CNT-MDA/PoderData, Federação, Chuchu, Bolsonaro, 3ª via mais dividida.

1. Mais de 3 meses que a direção do PT investe na formação de uma federação com o híbrido PSB e indica o desejo de escolher o neoliberal opus dei Geraldo Alckmin para vice de Lula. É o centro das ações, tomando tempo e energia, sem produzir, até o momento, um ganho político relevante.
2. Apesar da liderança de Lula, nesse início de ano, o presidente Bolsonaro garantiu a retenção do núcleo duro de seu eleitorado (20% ou pouco mais) e demonstrou capacidade de conquistar novos eleitores. Segundo as duas últimas pesquisas: houve um certo deslocamento no eleitorado da extrema-direita — de Moro para Bolsonaro e uma incursão dos bolsonaristas no voto dos indecisos.
3. A campanha de Lula: É de duvidosa eficácia a agitação em torno de uma vitória no 1° turno — muito pouco provável. É um desejo que sinaliza até certa arrogância e desarma a militância. As eleições estão polarizadas — + de 70% das intenções de voto — entre Lula e Bolsonaro. Tudo indica um processo eleitoral duro, de disputa intensa e até violenta.
4. Por seu turno, Bolsonaro armou sua opção partidária, com rapidez, e não tem perdido tempo com o "rame-rame" de articulações políticas. Colonizou o PL, agrupou a maioria do centrão e já colocou os seus batedores da linha de frente para agir nas redes sociais. Além disso, tem na retaguarda as milí-

cias locais (no campo e na cidade) e dos CACs. E, o principal, dispõe da fabulosa máquina governamental capaz de remover montanhas: ministérios, verbas bilionárias para obras, auxílio Brasil, anistia dos estudantes devedores do Fies, etc.

5. Mudar o rumo da prosa: a pré-campanha de Lula precisa calçar as sandálias da humildade. Focar na aguerrida militância petista, menos nas articulações de cúpula. O sinal que passa é que tudo será resolvido por cima, via acordos com personalidades e lideranças das burocracias partidárias. É a hora de agitar medidas do programa, falar ao povo. Tocar nos assuntos que mostram o fracasso do desgoverno Bolsonaro: desemprego, volta da fome, inflação dos serviços -gás, energia-, da cesta básica, saúde, fortalecer o SUS, recuperar o salário-mínimo, responsabilizar as autoridades do governo federal pelas mais de 600 mil mortes pelo covid-19, defesa de eleições limpas e democráticas, revogar as privatizações e o criminoso teto de gastos — e de futuras medidas emergenciais nos primeiros cem dias de governo.
6. Priorizar a formação de uma frente eleitoral de esquerda — PT, PSOL, PCdoB, Rede e PSB. Intensificar as relações com os movimentos sociais e multiplicar os 'comitês populares Lula Presidente' nas categorias de trabalhadores, nos bairros populares e ocupações urbanas e rurais. Debater a questão da federação após as eleições.
7. Medidas políticas de campanha especiais para a juventude, para conquistar os abstencionistas e redes sociais — WhatsApp-Telegram reforçar atuação.

(21 de fevereiro de 2022)

ELEIÇÕES 2022: PSOL LANÇA PROPOSTAS PARA CONSTRUIR PROGRAMA DE UNIDADE DA FRENTE DE ESQUERDA

O Partido Socialismo e Liberdade (PSOL) realizou nesta quarta-feira (16), na Câmara dos Deputados, o lançamento da plataforma "Direito ao Futuro: diálogos para reconstruir o Brasil". A plataforma busca reunir contribuições programáticas e vai promover encontros em todas as regiões do país com especialistas de diversas áreas, movimentos sociais, partidos de esquerda, militantes e ativistas.

Segundo a legenda, "a plataforma terá cinco eixos centrais: economia, trabalho e renda; ampliação dos direitos sociais; direitos humanos e combate às opressões; meio ambiente, crise climática e transição energética; democracia, instituições e relações internacionais".

O PSOL apresentou 12 propostas centrais para nortear as discussões que o partido pretende fazer com o conjunto das esquerdas —, em particular com a pré-candidatura à presidência da República do ex-presidente Lula. A iniciativa é um esforço para superar o debate rebaixado em curso e impulsionado pela chamada "frente ampla", que prioriza o lançamento de nomes, alianças com a direita e evita o debate programático.

O presidente nacional do PSOL, Juliano Medeiros, avalia o lançamento da plataforma Direito ao Futuro como um passo muito ousado do partido para mudar os rumos do debate eleitoral no Brasil. "O debate programático está muito ausente até agora no debate eleitoral do nosso país, a imprensa está mais preocupada com alianças e possíveis apoios do que com projetos e propostas para o país", alertou Juliano.

"Além da esperança de derrotar o Bolsonaro, queremos superar o legado bolsonarista que vem se consolidando desde o golpe de 2016. Esse nosso chamado é um reconhecimento dos nossos limites e a apresentação da nossa disposição em construir coletivamente um programa capaz de superar esse legado bolsonarista", concluiu o presidente do PSOL.

Os três principais itens programáticos que baseiam as propostas do PSOL para reconstruir o Brasil são a revogação das medidas implementadas após o golpe de 2016 (reforma trabalhista, reforma da previdência e Teto de Gastos); o enfrentamento à crise climática com medidas para financiar a transição energética, defesa de um novo modelo de desenvolvimento da Amazônia, desmatamento zero, garantia de direitos aos povos indígenas, tradicionais e quilombolas; e a proposição de uma reforma tributária que diminua a taxação no consumo de bens essenciais e populares e foque na taxação de renda e propriedade, incluindo a criação de impostos dos super-ricos/bilionários.

Guilherme Boulos também esteve presente e fará parte da comissão de negociação do PSOL com a candidatura presidencial do ex-presidente Lula, ao lado de Talíria Petrone e Juliano Medeiros. "Esse nosso ato hoje mostra a disposição do PSOL para construir um programa das esquerdas e nossa disposição para a unidade. Não vamos sair desse atoleiro, dessa encruzilhada histórica, sem unidade. Ela é fundamental para que a gente derrote Bolsonaro", disse o líder do Movimento dos Trabalhadores Sem Teto (MTST).

"Derrotar Bolsonaro é a principal tarefa de 2022, mas não é a única. É preciso avançar para derrotar o bolsonarismo, a destruição de direitos e o ódio promovidos por eles. Precisamos debater qual Brasil queremos construir a partir de 1° de janeiro de 2023, quando espero que o campo progressista esteja governando o país. A eleição de 2022 será uma batalha duríssima em cada canto desse país, com muita mobilização", assinalou.

(16 de abril de 2022)

A CRIMINOSA DEFESA DO NAZISMO FEITA POR BOLSONARISTAS E O MBL DE MORO SEGUE UM "DISCURSO EXTREMISTA" GLOBAL

Não é segredo para ninguém (minimamente informado) que o presidente genocida, Jair Bolsonaro, tem uma forte ligação emocional e política com as ideias do nazifascismo. O namoro vem de longe, e faz parte do seu DNA ideológico. É verdade que Bolsonaro é um fanfarrão, oportunista e histriônico, mas as atuais lideranças de extrema direita, em geral, carregam o mesmo perfil: Donald Trump, Victor Orbán, atual presidente húngaro, e Javier Milei, o "bolsonaro" argentino.

O alerta vale também para o grupelho pseudoliberal Movimento Brasil Livre (MBL), uma facção juvenil que já atacou estudantes do ensino médio dentro de escolas e até exposições de arte — práticas típicas da extrema direita nazifascista. A fala do deputado Kim Kataguiri (DEM-SP), coordenador da campanha do ex-juiz ladrão Sergio Moro (Podemos), no *podcast* Flow, que endossou a opinião do apresentador Monark, um conhecido bolsonarista, a favor da existência legal de um partido nazista, chocou a opinião pública democrática e seus colegas parlamentares.

O demencial Monark foi demitido e Kim vai enfrentar um processo de cassação de mandato na Câmara de Deputados. Cassar o deputado é uma medida correta e necessária — a apologia ao nazismo é um crime definido pela atual Constituição do país. Apesar da patética tentativa de Moro em justificar a "gafe" do novo correligionário.

Até a reacionária emissora Jovem Pan se viu na contingência de demitir o comentarista Adrilles Jorge, militante do gabinete do ódio nazibolsonarista, que em um programa ao vivo fez a saudação nazista "sieg heil", gesto com a palma da mão estendida que foi uma saudação oficial e obrigatória ao então líder do estado alemão, Adolf Hitler, em meados dos anos 1930 e 1940.

A chegada ao governo federal da extrema direita potencializou a prática do discurso de ódio. Os recentes episódios de propagação do nazismo nas diversas plataformas midiáticas são expressões da tentativa de naturalizar uma espécie de senso comum de tipo fascistizante e autoritário, que em nome de uma pretensa e absoluta "liberdade de expressão" faz a defesa da legalidade política e partidária para os nazistas — uma ideologia que prega a eliminação física de todo e qualquer oponente.

O presidente Bolsonaro, seus filhos, e ministros são contumazes propagadores de teses extremistas e revisionistas sobre a história do país e do mundo. Numerosos grupos de apoiadores do presidente defendem abertamente as teses revisionistas sobre o holocausto de judeus, ciganos, comunistas e homossexuais nos campos de concentração.

Neste contexto, um dado preocupante é o crescimento de grupos neonazistas em todas as regiões do país. Segundo uma reportagem veiculada no programa Fantástico da Globo, com base em estudo elaborado pela antropóloga e especialista no assunto, Adriana Dias, há pelo menos 530 núcleos organizados de neonazistas, que podem chegar a 10 mil militantes orgânicos, ativos. Isso representa um crescimento de 270,6% — de janeiro de 2019 a maio de 2021, segundo a pesquisadora.

Além disso, o caldo da extrema direita é engrossado pela política liberticida do governo Bolsonaro de incentivo ao armamento individual, o que facilita a obtenção de armas e munições para as milícias e os partidos do crime. Dados do Sistema Nacional de Armas (SINARM) e do Sistema de Gerenciamento Militar de Armas (SIGMA) mostram que até abril de 2021, os CACs (Caçador, Atirador Esportivo e Colecionador) contabilizavam um total de 648.731 armas, enquanto a soma dos armamentos das Polícias Militares totalizava 583.498. Muitos CACs operam como fachadas para o recrutamento e adestramento de milicianos.

A "nova direita neofascista" é movida pelo discurso de ódio

Na última década, com o agravamento da crise mundial do capitalismo e o desgaste continuado das forças políticas tradicionais à direita e à esquerda, surgiu em escala global uma "nova extrema direita", com um discurso de tipo nacionalista e populista, que aproveitou as facilidades de comunicação das novas mídias para ampliar o alcance da mensagem neofascista, apelando para as bandeiras antioperárias, xenofóbicas, racistas, homofóbicas e misóginas.

Apenas uma parte minoritária dessa "nova direita" utiliza a estética e os velhos símbolos nazistas, porém a prática comum da totalidade de correntes e grupos mais atuantes são marcados pela violência e campanhas de ódio, ou seja, o mesmo e antigo modo de atuação dos extremistas de direita da matriz alemã e italiana.

O avanço da extrema direita na Europa e em diversas regiões do mundo, é um fenômeno político que se consolida no bojo das dificuldades econômicas da agenda regressiva do neoliberalismo e do estrangulamento dos mecanismos de proteção do estado social.

No caso europeu, o avanço das ideias racistas, do euroceticismo (que tem apelo entre os trabalhadores) e da crise de representação das chamadas "democracias" ocidentais têm modificado o mapa político do velho continente. Do leste ao coração da Europa, crescem os partidos políticos populistas de extrema direita, com acento neofascista: na Hungria, Polônia e República Tcheca são as principais forças partidárias; na Áustria (FPÖ), Holanda (Partido para a Liberdade) Alemanha (AfD), França (Reagrupamento Nacional de Marine Le Pen e Reconquête de Erick Zemmour), Espanha (Vox), Portugal (agora com o Chega!) são forças com crescente prestígio e protagonismo eleitoral.

O fenômeno prossegue nas eleições para o Parlamento Europeu, com os partidos de extrema direita avançando em número de cadeiras e a constante tendência de queda da representação tanto da direita tradicional quanto dos sociais-democratas.

Nos Estados Unidos, diferente da experiência europeia, a extrema direita, representada pelo "trumpismo", se organiza no interior do tradicional Partido Republicano e numa constelação de grupos de supremacistas brancos, extremistas religiosos e de facções de jovens armados, como os Proud Boys, Boogaloo's, entre outros. A amarração política desses grupos é impulsionada pelas novas plataformas de mídias e redes sociais, manejadas por um centro orientador unificado, conforme preconiza Steve Bannon.

Apesar de derrotado nas eleições presidenciais de 2020, o ex-presidente Donald Trump segue com um sólido apoio político entre amplas parcelas do eleitorado norte-americano e é um forte candidato para a Casa Branca.

A onda extremista caminha por aqui de braços dados com a violência policial, a escalada de extermínio da população negra e o armamento individual. Ou seja, o combate à difusão das ideias neonazistas deve ser encarado como parte integrante da luta política e ideológica contra o bolsonarismo e de variantes, como o lavajatismo.

As recentes manifestações públicas em mídias de ampla audiência reivindicando a liberdade para a atuação partidária de nazistas não só merecem repúdio, mas uma dura resposta política e criminal.

Portanto, a futura eleição presidencial brasileira joga uma cartada decisiva no embate entre os valores da democracia e da soberania popular contra as forças neoliberais — obscurantistas e golpistas.

(12 de abril de 2022)

GOVERNO BOLSONARO ESTIMULA DISCURSO RACISTA E PRETOS, POBRES E PERIFÉRICOS SÃO OS ALVOS DA ESCALADA DE VIOLÊNCIA

Escrevo estas linhas impactado pela matança de pretos nos últimos dias ocorridas no Rio de Janeiro. Na verdade, indignado e desejoso para que aconteça uma resposta à altura, não das autoridades, mas da população negra e trabalhadora, a maioria do país — um gesto enérgico e vigoroso de autodefesa para conter o massacre em curso.

É evidente que o governo Bolsonaro é um dos responsáveis pela escalada da matança de pretos, principalmente jovens, nos últimos anos. Uma das diretrizes que conforma o pensamento político e ideológico do atual governo, é a desconstrução sistemática da história de resistência secular da majoritária população negra, indígena e mestiça do Brasil para romper os grilhões da brutal discriminação racial e classista. Afinal, como cantou Elza Soares, "a carne negra é a carne mais barata do mercado".

As execuções de Moïse Kabagambe, morto a pauladas no Rio de Janeiro por cobrar pagamentos atrasados do quiosque Tropicália, e de Durval Teófilo Filho, executado com três tiros na porta da sua casa em São Gonçalo (RJ) por um sargento da Marinha, são as mais recentes manifestações da escalada de violência contra os pretos no país.

A política de criminalização da pobreza, que tem um inegável corte racial, e a permissiva legislação do armamento individual, que facilita a obtenção de armas sem um efetivo controle, aumentaram as ocorrências de agressões armadas e a prática do morticínio.

Uma dinâmica que ganha a dimensão de genocídio, com o avanço das atividades de milícias somada ao habitual modus operandi, praticamente naturalizado, da violência das Polícias Militares (PMs) nos territórios das vastas áreas de periferias, que circundam os maiores centros urbanos do país, resultando em uma onda de matanças sem precedentes.

Escalada da barbárie

As mortes provocadas por armas de fogo já atingiram 70% dos homicídios no país, vitimando majoritariamente a população negra, 56% dos brasileiros. Levantamento do Instituto Sou da Paz aponta que dos 30 mil assassinatos por agressão armada em 2019, 78% foram contra pessoas negras.

Os registros de dados do Sistema de Informação sobre Mortalidade (SIM) e do Sistema de Informação de Agravos de Notificação (Sinan) do Ministério da Saúde revelam que os homens negros são os maiores atingidos, representando 75% do total, contra 19% de homens não negros. As mulheres negras representam 4% e as mulheres não negras 2%.

O Sinan registra também que o número de óbitos entre crianças e adolescentes negras de 10 a 14 anos é duas vezes maior do que a de não negros, somando 61% e 31%, respectivamente.

Segundo o 14º Anuário Brasileiro, em 2019, os negros compunham 66,7% da população carcerária, enquanto a população não negra — considerados brancos, amarelos e indígenas, segundo a classificação adotada pelo IBGE — era composta de 33,3%. Isso significa que, para cada não negro preso no Brasil em 2019, dois negros foram presos.

A política econômica ultraneoliberal, radicalizada com o golpe de 2016, foi mais um fator de agravamento das condições de vida da população preta, mais desempregada e precarizada, o que reforça o aspecto dramático da racialização do mercado de trabalho.

Portanto, o combate ao racismo é inseparável da luta pelo fim do governo bolsonarista, responsável pelo desmonte das políticas públicas e de direitos humanos de proteção da população negra, das políticas de cotas raciais, da destruição da Fundação Palmares e da difusão de ideias e práticas racistas pela extrema direita governista.

Manifestações de protestos exigindo punição para os assassinos de Moïse aconteceram em diversas cidades do país neste fim de semana. É fogo nos racistas!

(6 de abril de 2022)

MOÏSE E O ENCONTRO COM A MORTE NA ORLA DA BARRA DA TIJUCA

Um assassinato vil, brutal e covarde, que clama por Justiça e punição para os milicianos executores do crime. Moïse Kabamgabe, um jovem de 24 anos, amarrado e golpeado com taco de beisebol até cair sem vida em plena orla da Barra da Tijuca, na frente do quiosque Tropicalia (na altura do Posto 8) onde trabalhava, de propriedade de Luciano Martins de Souza.

O crime despertou forte indignação em vastos setores da sociedade, nas redes sociais é crescente a cobrança pela punição dos responsáveis pela morte do congolês. O perfil do Anonymous no Twitter revelou que Luciano seria o mandante do crime, com mais quatro pessoas — a execução ocorreu após Moïse cobrar o pagamento de dois dias já trabalhados.

O Anonymous informou ainda que Luciano "responde por uma ação trabalhista, devendo R$ 32 mil para um antigo funcionário. De acordo com informações encontradas no sistema, ele teria concordado em pagar R$ 20 mil pela dívida. Agora, a questão é entender por que está sendo blindado pelo estado. Atividades milicianas", questiona o perfil.

Os parentes de Moïse fizeram uma manifestação no último sábado (29), em frente ao quiosque Tropicalia. Eles cobram uma apuração mais célere e rigorosa do assassinato. O caso está sendo investigado pela DHC (Delegacia de Homicídios da Capital), que analisa as imagens de câmeras de segurança da região e fez uma perícia no local.

A ação criminosa carrega uma componente racista e xenófoba e, sem dúvida, motivada pela sensação de impunidade que cerca a atividade de grupos de milicianos no Rio de Janeiro. O crime que ceifou a vida de Moïse não pode ficar impune e demanda por uma rápida, séria e eficiente apuração por parte das autoridades legais.

Para além da notícia do brutal episódio, o ato criminoso está inserido nos marcos da criminalização da pobreza e da militarização crescente do conflito social. A chegada da extrema-direita ao governo federal impulsionou a formação de milícias, que controlam diversos territórios no país.

O bolsonarismo estimula o discurso da violência e realiza uma política de privatização da segurança pública, com o reforço de uma legislação permissiva para o armamento individual e a compra sem controle de armas de grosso calibre.

(1º de fevereiro de 2022)

LAMA DA CORRUPÇÃO DE MORO ATRAVESSA "PORTA GIRATÓRIA" E RESPINGA NA REDE GLOBO

O ex-juiz Sergio Moro (Podemos) sofreu um pesado revés político e de imagem com a revelação de seus ganhos astronômicos no escritório jurídico da norte-americana Alvarez & Marsal — que cuida da recuperação judicial de empresas envolvidas na ofensiva da então operação Lava Jato (2014-2019) contra a economia nacional.

Segundo o próprio Moro, durante 12 meses, ele amealhou o equivalente a R$ 3,7 milhões na Alvarez & Marsal. "Basicamente eram 45 mil dólares por mês. Longe de enriquecer", afirmou em uma *live* com o deputado Kim Kataguiri (DEM-SP), líder do Movimento Brasil Livre (MBL), grupo que atua como tropa de choque de aluguel na pré-campanha de Sergio Moro à presidência da República.

O megassalário de Sergio Moro, R$ 10 mil por dia, materializa um escandaloso caso de *revolving door,* ou porta giratória, em bom português, o ex-juiz trocou de lado do balcão: Moro, que se projetou nacionalmente às custas da Lava Jato, agindo com métodos depois considerados ilegais pelo Supremo Tribunal Federal (STF) — ele foi considerado um juiz parcial pela suprema corte —, passou a atuar como consultor da Alvarez & Marsal, dispondo de informações privilegiadas e sigilosas da situação das empresas investigadas e criminalizadas pela operação.

Porta giratória e investigação do TCU

Ou seja, o mesmo Moro, que julgou e condenou dirigentes e executivos das empresas clientes da Alvarez & Marsal em processo de recuperação judicial, não teve dúvidas em atuar na consultoria, auferindo ganhos milionários. Vale lembrar que, durante a operação Lava Jato, o ex-juiz condenou diversas pessoas que atuavam como consultores de algumas empreiteiras.

Em dezembro de 2021, o Tribunal de Contas da União (TCU), por determinação do ministro Bruno Dantas, iniciou um processo de investigação sobre os valores pagos ao ex-juiz com as respectivas datas de repasses dos pagamentos e acerca do andamento dos processos de recuperação judicial das empresas atendidas pela Alvarez & Marsal.

Bruno Dantas determinou ainda que a corte produza um relatório de inteligência sobre as atividades do ex-juiz Sergio Moro na iniciativa privada, mas não autorizou uma espécie de devassa em suas contas por meio do Conselho de Controle de Atividades Financeiras (Coaf). O relatório também abrange a atuação da consultoria A & M no país.

A decisão do ministro do TCU provocou mais um abalo na imagem de Sergio Moro e, certamente, o caso vai prosseguir com novos desdobramentos nos próximos dias.

Rede Globo esconde escândalo de Moro

A Rede Globo impulsionou uma farsesca campanha a favor da Lava Jato, vendendo o "peixe da podre" do combate à corrupção, que criminalizou empresas públicas e privadas, partidos e o conjunto do sistema político, foi a responsável, em grande medida, pela chegada ao comando do governo federal da extrema direita, com a eleição de Jair Bolsonaro em 2018 — após a ilegal proscrição política e a prisão por 580 dias do ex-presidente Lula.

A parcialidade do ex-juiz Sergio Moro e os crimes da força-tarefa da Lava Jato, que contou com a cumplicidade das emissoras da família Marinho, custaram ao país um dano incalculável, que está sendo cobrado na forma de milhões de desempregados, da volta da fome e da quebradeira de setores econômicos inteiros — construção civil pesada, indústria naval e a cadeia de petróleo e gás.

Ao insistir na farsa de Moro, agora na condição de candidato de uma pretensa 3ª via, a Rede Globo continua a sua cruzada criminosa contra a democracia e os direitos econômicos e sociais do povo brasileiro.

Resta saber se a Rede Globo vai ter a coragem de reconhecer os erros e proceder uma autocrítica, limpando os respingos da lama da corrupção de Moro, que atingem até a sede da emissora no Jardim Botânico.

(30 de janeiro de 2022)

LULA E O NOVO "PRESIDENCIALISMO DE CONCILIAÇÃO"

O ex-presidente Luiz Inácio Lula da Silva, um sagaz, experimentado e engenhoso articulador político, faz uma aposta de grande envergadura e risco ao optar pela escolha do ex-tucano Geraldo Alckmin como companheiro de chapa. E mais do que ninguém, Lula calcula os custos e benefícios.

Trata-se de uma operação política que pretende aplacar os temores e os preconceitos da maioria dos setores das classes dominantes em relação ao ex-presidente e, sobretudo, ao PT — mas não é só isso.

Após amargar uma odiosa e implacável perseguição, Lula, como uma fênix, ressurge de uma forma impressionante no cenário político, liderando de forma absoluta todas as pesquisas eleitorais para presidente. Um fenômeno de performance política que desafia os prolixos e surrados manuais dos cientistas políticos.

A aposta de Lula ocorre em meio ao esboroamento do mandato do presidente Bolsonaro, da burlesca candidatura de Sergio Moro e do definhamento eleitoral de Ciro Gomes e do governador paulista João Doria. Lula busca ocupar também o espectro da terceira via e isolar Bolsonaro. É o que indica uma leitura apressada, apenas baseada no senso comum da movimentação recente do líder petista.

A operação de Lula começar a ecoar em cabeças coroadas da Faria Lima, que imaginam uma espécie de "presidencialismo conciliação", no caso do naufrágio das candidaturas "puro sangue" do neoliberalismo — o que funcionaria como um pacto de redução de danos, um seguro, para os donos do dinheiro.

Em nome da *realpolitik*, as torcidas organizadas pró-frente ampla acreditam que é a melhor direção a ser seguida: até mesmo um processo incontornável para vencer as eleições presidenciais e para garantir uma futura governabilidade, segundo a visão otimista dos defensores de Geraldo Alckmin na vice de Lula.

Combo de ilusões

O grande enigma que alimenta as tensões no debate sobre a natureza e o alcance das alianças de Lula com a direita reside, principalmente, na formulação do futuro programa de governo. A pergunta que fica martelando em todas as cabeças: é possível fechar uma aliança com os neoliberais e construir um programa de reconstrução do país? Quem vai ganhar e quem vai perder?

Uma política de "frente amplíssima" tem como prioridade, na prática, a subordinação programática para sinalizar uma boa vontade com os partidos e lideranças da centrodireita e até da velha direita neoliberal.

Ou seja, mais uma vez, o setor majoritário da esquerda faz uma aposta na fórmula política da conciliação pelo alto ao invés de um programa de ruptura, que tenha como alavancas propulsoras a mobilização popular e a nitidez programática, para construir e consolidar uma governabilidade de novo tipo.

Resta saber se Lula será capaz de realizar mais essa façanha, passando por cima das contradições políticas e dos imensos antagonismos de classes, operando como um trator indomável e furioso.

Lula sabe o que faz. É o que proclamam os seus dedicados áulicos. Eis aí o "xis" da questão para os críticos pela esquerda do novo aliancismo e do combo de ilusões com a pretensa lealdade democrática dos decadentes próceres do tucanato paulista.

(27 de janeiro de 2022)

AS ARMAS DE GRECA E A MILITARIZAÇÃO DA GUARDA MUNICIPAL DE CURITIBA

O prefeito de Curitiba Rafael Greca (DEM) comandou, nesta terça-feira (18), uma macabra e inusitada solenidade de bênção do novo armamento de guerra comprado para a Guarda Municipal. Trata-se de armamento adquirido da empresa tcheca Ceska Zbrojovka (CZ), uma fábrica de armamentos de reputação internacional e construída durante o governo comunista da então Tchecoslováquia — atual República Tcheca.

Junto com fuzil russo Kalashnikov, é uma das armas mais comercializadas e contrabandeadas do mundo. Desenvolvida pelos irmãos Koucky, em 1975, dois dos principais engenheiros da empresa CZ, rapidamente ganhou o mercado internacional. No período da chamada guerra fria, a maioria das pistolas do leste europeu adotava o calibre 9 mm Makarov (9 x 18 mm).

Foram compradas pela municipalidade 1.053 pistolas calibre 9 mm para os guardas municipais. O armamento de grosso calibre e potente precisão é utilizado largamente por forças policiais e militares do Leste Europeu. A Coreia do Norte e Israel também fabricam um tipo de pistola bastante semelhante, com as mesmas características de robustez, potência e precisão.

A perigosa militarização da Guarda Municipal

A utilização das armas tchecas, compradas via sistema de pregão eletrônico internacional, significa uma completa e perigosa militarização da Guarda Municipal de Curitiba, uma tendência crescente no país nos últimos anos. A GM de Curitiba é a primeira a utilizar abertamente armamento de guerra dentro do espaço urbano.

O ato de Greca, um homem que se reivindica cristão, está inserido nos marcos do pensamento majoritário vigente que defende a criminalização da pobreza e a militarização crescente do conflito social no país.

A chegada da extrema-direita ao governo federal impulsionou a política de criminalização da pobreza e do extermínio como forma de um pretenso combate à criminalidade. O populismo fascista é o discurso predominante no aparelho policial e de boa parte do Judiciário.

Criminalização da pobreza

Para o grande público, a extrema direita promete uma política de segurança baseada no armamento individual para a classe média, o Bope e a milícia para "disciplinar" os pobres, e a segurança particular especializada para os mais ricos. Um Estado excludente e classista com um sistema policial repressivo e em aliança com a milícia paramilitar. É o modelo que já vem sendo instituído na prática em diversas regiões metropolitanas e nas fronteiras agrícolas e de extrativismo mineral no extremo norte do Brasil.

A pauta da segurança pública e do combate eficaz ao crime organizado é complexa, de difícil resolução, mas as forças democráticas precisam enfrentar o tema com coragem, propor medidas e desmoralizar a narrativa demagógica do neofascismo bolsonarista.

Questões como a defesa intransigente dos direitos humanos, a reforma do sistema penal, o fim da política de encarceramento em massa, a descriminalização das drogas, o combate duro aos partidos do crime e aos milicianos, mais investimentos sociais nas comunidades pobres, a reformulação da doutrina das forças de segurança e o papel de cada ente da federação são alguns dos desafios para um debate sobre uma política de segurança pública.

Neste ano de eleições para presidente da República, para os governos estaduais e Congresso Nacional, a segurança pública é um tema inevitável na agenda da campanha.

(19 de janeiro de 2022)

LULA E PT ACENAM COM PROGRAMA CONTRA DESMONTE NEOLIBERAL DE BOLSONARO E GUEDES

O ex-presidente Luiz Inácio Lula da Silva, que lidera com folga as pesquisas eleitorais para o pleito presidencial de outubro, iniciou o ano pautando o debate sobre uma possível agenda econômica de reconstrução do país, devastado pelo golpe de 2016 — com a Ponte para Futuro de Temer —, pela Lava Jato de Sergio Moro e mais ainda pelo desastroso governo Bolsonaro.

Lula defendeu a necessidade de revogação da chamada reforma trabalhista e anunciou a medida como um fator indispensável para uma retomada da economia, gerando empregos e valorizando o trabalho. O líder petista citou como exemplo a negociação tripartite ocorrida na Espanha entre o governo de Pedro Sanchez (PSOE-Podemos), centrais sindicais e confederação empresarial que revogou pontos de uma reforma trabalhista imposta durante o governo direitista de Mariano Rajoy (PP).

Superexploração e precarização

A reforma trabalhista de 2017, uma medida executada pelo governo golpista de Michel Temer (MDB), não gerou novos empregos, promoveu uma precarização sem precedentes nas condições de trabalho e reduziu a massa salarial do conjunto da classe trabalhadora. Além disso, com a eliminação de aproximadamente 100 cláusulas protetivas contidas na Consolidação das Leis do Trabalho (CLT), o patronato foi à forra aumentando a superexploração dos trabalhadores e bloqueando a ação sindical no chão de fábrica — o que enfraqueceu o dispositivo de pressão dos sindicatos.

O aceno de Lula, que foi acompanhado de uma reunião com dirigentes de centrais sindicais e representante do governo espanhol (*online*) durante a semana, provocou uma imediata reação de políticos serviçais da Faria Lima, como João Doria, candidato presidencial do PSDB, Michel Temer e o do ex-presidente da Câmara de Deputados, Rodrigo Maia.

Os políticos da velha direita neoliberal e a mídia monopolizada condenaram a intenção de Lula de revogar o desmonte da CLT e apelaram para a chantagem em nome do "mercado" contra a proposta do petista.

Mimimi neoliberal do mercado

Na mesma direção, a presidenta do PT, deputada Gleisi Hoffmann, indicou as medidas de um programa de governo de Lula. "O PT quer mostrar, desde já, que vai revogar o teto de gastos, a política de preços da Petrobras e a reforma trabalhista Não tem necessidade de carta ao povo brasileiro, as pessoas já conhecem o Lula. Não precisamos mais de um Palocci", declarou a líder petista no site oficial da legenda.

Gleisi classificou ainda de "mimimi do mercado" os ataques contra Lula e as críticas de setores empresariais sobre o fim do famigerado teto dos gastos, que já foi estourado pelo governo de Bolsonaro. Segundo a dirigente, "o teto de gastos foi uma trava colocada nos investimentos, nos gastos sociais, o país estava em uma crise econômica, o Estado precisava agir. Bolsonaro e Temer não respeitaram, o teto passou pelo orçamento de guerra, em razão da Covid-19, depois por medidas provisórias, decretos de créditos adicionais, projetos de lei. Os gastos do governo são feitos por fora, inclusive o orçamento secreto".

A presidenta do PT também defendeu o fim da atual política de preços praticada pela Petrobras, responsável pela alta preço dos combustíveis. "A primeira coisa que tem de mudar é a política de preços de paridade internacional. Gasolina, diesel e gás de cozinha não têm de ser dolarizados. Privatizaram refinarias, gasodutos, fizeram política de paridade com o dólar. E pra quê? Para aumentar a lucratividade da empresa e dividir dividendos a acionistas, que são, na maioria, estrangeiros. Isso tem de mudar", afirmou.

Programa de reconstrução do país

Os pronunciamentos de Lula e de Gleisi, nos primeiros dias de janeiro de 2022, apresentaram os contornos de um programa antineoliberal para iniciar a reconstrução do país. Basicamente, cinco pontos foram elencados: 1. Fim do teto dos gastos; 2. revogação da reforma trabalhista; 3. mudança na política de preços da Petrobrás; 4. Rever as privatizações; 5. política externa soberana e pela integração regional. No entanto, há questões como a independência do Banco Central, a taxação dos ricos e das grandes fortunas para financiar programas sociais, o desmonte institucional — pontos ainda sem uma definição clara de Lula e do PT.

Em artigos e entrevistas, os economistas Guido Mantega — mais vinculado ao pensamento desenvolvimentista — e Nelson Barbosa — mais próximo do pensamento do mercado — foram genéricos sobre as propostas econômicas que serão defendidas pelo candidato do PT na disputa presidencial. O que revela as lacunas na formulação de um programa para a futura campanha, até porque ainda há uma série de problemas políticos pendentes de solução — federação partidária, candidatura de vice-presidente (que seja um nome afinado com o programa e não um cavalo de troia tipo Alckmin e assemelhados) e as alianças eleitorais nos estados.

O fato político relevante é que Lula acertou quando pautou o debate na questão da economia, demarcando no terreno das propostas com todos os demais postulantes — Bolsonaro, Moro, Ciro, Doria e Simone Tebet-, que mais uma vez ficaram correndo atrás do experimentado político petista e revelaram praticamente uma mesma visão no debate econômico. Ou seja, no essencial, todos defendem a mesma camisa de força da agenda de recolonização neoliberal para o Brasil.

Ao centrar o debate público da pré-campanha na questão econômica, Lula avança sobre Bolsonaro, que no governo não tem uma resposta para enfrentar a crise e seu ministro da Economia Paulo Guedes, antes o "Posto Ipiranga", agora transformado no despachante das demandas do Centrão, uma espécie de *office-boy* de luxo do ministro Ciro Nogueira e do presidente da Câmara de Deputados Arthur Lira.

No terreno político, fica evidente a necessidade da urgência da construção de uma frente partidária de esquerda, que apresente um programa de caráter antineoliberal e democrático-popular, para derrotar nas ruas e nas urnas o neoliberalismo, o golpismo bolsonarista e a terceira via da Faria Lima. Ao mesmo tempo, o PT e os demais partidos de esquerda precisam articular uma agenda de mobilização antes de outubro, acumulando forças nas lutas e reivindicações mais imediatas do povo trabalhador.

Vale lembrar que antes da justa preocupação com uma futura governabilidade, Lula vai enfrentar uma duríssima batalha política e programática até as eleições de outubro. Portanto, no momento, o mais importante é consolidar um programa com nitidez e impulsionar a construção de uma campanha mobilizadora, baseada numa ampla participação popular, de massas.

(14 de janeiro de 2022)

QUAQUÁ E O "CANCELAMENTO" DA EX-PRESIDENTA DILMA ROUSSEF

O vice-presidente nacional do Partido dos Trabalhadores (PT), Washington Quaquá, apareceu novamente no cenário político, com uma infeliz e desastrosa declaração, atacando a ex-presidenta Dilma Rousseff.

Segundo Quaquá, a ex-presidenta Dilma Rousseff não tem mais relevância eleitoral para o PT. "A Dilma é ex-presidente e tem o papel dela. Mas, do ponto de vista eleitoral, não", disse Quaquá, ao ser questionado sobre a ausência da ex-presidente no jantar organizado pelo grupo Prerrogativas — um coletivo formado majoritariamente por advogados.

Quaquá foi além e, de forma leviana, culpou a ex-presidenta Dilma pelo golpe do impeachment de 2016: "O governo Dilma se atrapalhou na negociação com o Congresso e abriu a brecha para que se formasse maioria contra ela". afirmou o dirigente petista.

A afirmação de Quaquá é uma tentativa canhestra de passar o pano para o golpismo e para agradar setores da velha direita neoliberal. É uma impostura completa, já que o governo Dilma foi vítima de uma trama sórdida organizada pelo então vice-presidente Michel Temer (MDB-SP), por Eduardo Cunha (MDB-RJ), presidente da Câmara de Deputados (2015-2016), e o PSDB.

A presidenta nacional do PT, deputada federal Gleisi Hoffmann (PR), em entrevista ao *Metrópoles*, rebateu Quaquá e contextualizou o papel de Dilma. "A opinião individual de Washington Quaquá não corresponde ao papel da presidenta Dilma na história, no presente e no futuro do PT. Ela enfrentou com dignidade e coragem o golpe do impeachment que levou o país a esta triste situação. Merece o respeito e a solidariedade de cada dirigente e militante do partido".

As declarações de Quaquá motivaram uma nota conjunta das secretarias nacional e estaduais de Mulheres do PT sobre a relevância da presidenta Dilma Rousseff dentro e fora do partido. "O Partido dos Trabalhadores e das Trabalhadoras se orgulha de ter eleito a primeira presidenta na história do país que foi vítima de um golpe misógino, machista e antidemocrático. Assim como tantas mulheres na história do PT, figura pública ou não, Dilma cumpriu uma tarefa árdua na defesa dos direitos da classe trabalhadora, na denúncia da ascensão do fascismo, em uma conjuntura de duros ataques contra a sua honra, a sua pessoa e ao próprio partido. Dilma foi brutalmente atacada em todas as esferas, pública e privada, como nenhum outro homem público do cenário político brasileiro, em qualquer espectro ideológico", diz um trecho da nota.

Quaquá arremeteu também contra os segmentos no partido que fazem uma avaliação crítica e de conjunto dos objetivos e dos fatores que geraram o golpe contra o governo do PT em 2016. "Existe um pedaço pequeno do PT que ainda fica nesse negócio de golpe. Política não se faz com ressentimento, se faz pensando em estratégias para transformar a vida do povo", afirmou.

O nefasto esforço do vice-presidente nacional do PT pretende nublar a polarização política em curso no país e anistiar os crimes dos neoliberais golpistas. Como defensor empedernido da chamada "frente ampla", Quaquá quer revisitar a história recente do país, marcada por uma intensa perseguição contra o PT e suas lideranças: Ação Penal 470, prisões de Zé Dirceu, Genoíno, Delúbio, Vaccari —, o golpe do impeachment contra Dilma, a operação Lava Jato, o *lawfare* e a prisão de Lula e a campanha de criminalização do PT.

Apesar da lastimável conduta de Quaquá, no PT e na sua militância estão bem vivas as lembranças do passado recente e da necessidade imperiosa de seguir dando combate ao governo autoritário de Bolsonaro e aos golpistas da velha direita neoliberal.

Neste sentido, cabe registrar, mais uma vez, o valor moral e político da trajetória da presidenta Dilma Rousseff, que exerceu com dignidade, honestidade e compromisso partidário a função de presidenta da República.

As declarações de Quaquá reforçam a campanha odiosa da direita de apagamento do papel de Dilma e deve ser repudiada, com toda energia, pelo PT. Além disso, a tentativa de cancelamento de Dilma é um ataque ao conjunto do Partido dos Trabalhadores.

(30 de dezembro de 2021)

A EMERGÊNCIA DA LUTA CONTRA A FOME E A CARESTIA CRESCE NO PAÍS

O clima natalino toma conta dos sentimentos das pessoas e das famílias que planejam encontros e viagens na transição para o novo ano que se aproxima. Enquanto isso, milhões de brasileiros estão mergulhados no desespero da fome e da indigência, são famílias do andar de baixo da sociedade, jogadas na zona da exclusão social, após as sucessivas políticas de destruição de direitos sociais e da aplicação da barbárie neoliberal — agravadas durante a pandemia e pela nefasta política econômica do governo bolsonarista.

Nos últimos dias, diversas organizações e movimentos sociais urbanos realizaram mobilizações exigindo políticas públicas e ações imediatas para minorar o flagelo da fome e a escalada da insegurança alimentar, que atingem com maior intensidade a população mais pobre das periferias das capitais e regiões metropolitanas — um cenário dramático.

E tudo indica que tende a ganhar corpo nas próximas semanas os protestos que demandam comida, fim da carestia e empregos. Uma série de ações como marchas e atos aconteceram nesta terça-feira (21) em diversos bairros da periferia e da região central da cidade de São Paulo: concentrações foram realizados no Butantã, nas favelas de Heliópolis e Paraisópolis, nas regiões de São Mateus, Grajaú, Capão Redondo, Jardim Caraguatá, Vila Prudente, Tucuruvi, Sapopemba, Cidade Ademar, Brasilândia e no centro velho da capital, nas cercanias da Bolsa de Valores.

Na semana passada, em nove capitais — Aracaju, Belém, Belo Horizonte, Natal, Porto Alegre, Recife, Rio de Janeiro, Salvador e São Paulo — ocorreram "ocupações simbólicas" de supermercados, com os manifestantes reivindicando cestas básicas e políticas públicas contra a fome.

O aumento generalizado dos preços dos alimentos da cesta básica, do aluguel, do botijão de gás, dos combustíveis e das tarifas de energia tem penalizado as camadas mais empobrecidas da população. O Instituto Brasileiro de Geografia e Estatística (IBGE) divulgou, nesta quinta-feira (23), que a inflação oficial deve encerrar o ano em seu maior patamar desde 2015, atingindo um índice acima de 10%.

Além disso, o desemprego continua muito alto, cerca de 14 milhões de trabalhadores, e a fome castiga diariamente 20 milhões de brasileiros, são questões cruciais que demonstram na ponta o resultado final da política econômica do governo Bolsonaro.

Segundo o dirigente da Central de Movimentos Populares (CMP), Raimundo Bonfim, "o drama do desemprego e da fome é de tal magnitude que não bastam palavras de ordem, do tipo Natal sem fome, pois milhões de pessoas passarão fome neste Natal. Por isso, faremos as marchas por emprego, contra a carestia e a fome. Mostraremos que há comida nos supermercados, mas o que falta é emprego e dinheiro para comprá-la". Novas ações da CMP estão programadas para 2022, informou Bonfim.

O desemprego, a fome e a carestia serão, obrigatoriamente, temas da agenda da disputa presidencial de 2022, demandando dos postulantes à presidência da República propostas concretas para enfrentar os resultados da política neoliberal de exclusão social e recolonização do Brasil.

Para além dos sinuosos arranjos eleitorais de Lula e das tramas políticas da Faria Lima, incansável na busca de uma quimérica terceira via, o sopro desesperado da barriga vazia da população empobrecida pode sacudir o processo eleitoral e provocar ações mais vigorosas para garantir o seu direito à vida.

Resta saber, se a esquerda — partidária e social — atuará de forma diligente para impulsionar um amplo movimento, canalizando os protestos para uma saída que derrote ao mesmo tempo o governo esfomeador de Bolsonaro e os projetos neoliberais dos candidatos da terceira via

— defensores da continuidade da atual política econômica de exclusão social e de destruição do país.

(23 de dezembro de 2021)

A NOVA GUERRA MIDIÁTICA CONTRA LULA JÁ COMEÇOU

O ex-presidente Lula é o alvo, novamente, de uma agressiva campanha dos órgãos da mídia oligopolizada e corporativa — Rede Globo, *Folha de S.Paulo*, *Estadão* e TV Record, entre outros veículos —, que iniciaram uma ação coordenada para desconstruir a imagem e lançar falsas acusações contra o líder petista. É uma operação que utiliza, de forma intencional e perversa, fragmentos de falas fora do contexto das entrevistas de Lula, das lideranças do PT e de documentos partidários.

O fato detonador da nova campanha de ataques teve origem na Espanha, com uma entrevista de Lula ao jornal *El País*. Perguntado sobre os resultados eleitorais da Nicarágua e a controversa reeleição do presidente Daniel Ortega, Lula teria comparado o líder do país centro-americano com a política alemã Angela Merkel e manifestado apoio à recondução do dirigente nicaraguense para um novo mandato — um recorte falso e mutilado da declaração do ex-presidente.

A versão apresentada ao grande público pela mídia corporativa alimentou o noticiário durante dias, debates em programas de TV, editoriais e artigos de diversos colunistas políticos dos jornais no Brasil e no exterior — e todos em coro bradando contra um pretenso desprezo e a falta de compromisso do ex-presidente Lula com a democracia.

O episódio é revelador da prática do "jornalismo de guerra" adotado pela imprensa corporativa contra Lula, que lidera com folga as atuais pesquisas eleitorais para a disputa presidencial de 2022.

Em outubro, a TV Record divulgou um factoide plantado pela extrema direita espanhola sobre as ligações de Lula e do PT com o narcotráfico, a *fake news* tinha como base supostas delações do ex-chefe da inteligência venezuelana, Hugo Carvajal (El Pollo), preso ilegalmente na Espanha e ameaçado de extradição para os Estados Unidos. Nada comprovado, mas a mentira foi difundida amplamente em diversos meios impressos e plataformas digitais.

Em agosto, uma declaração de Lula sobre a necessidade da criação de mecanismos de regulação institucional e de democratização da mídia foi objeto de manipulação dos jornalões e da Rede Globo, carimbando o ex-presidente como defensor da censura e de medidas contra a liberdade de imprensa. Aliás, na ocasião, o petista indicou o modelo britânico como uma referência de política pública sobre os "Meios".

O Manchetômetro, publicação produzida pelo Laboratório de Estudos da Mídia e Esfera Pública, especializado no acompanhamento das edições diárias dos jornais impressos e das plataformas digitais de notícias, tem registrado uma cobertura parcial no trato das manifestações políticas do ex-presidente Lula.

O padrão e a técnica do "jornalismo de guerra" seguem o mesmo roteiro da cobertura da operação Lava Jato. É uma modalidade que abusa da edição parcializada de conteúdos, que produz à exaustão notícias falsas, acusações infundadas, com origem muitas vezes em fontes não reveladas e obscuras — o recurso do impulsionamento nas plataformas digitais complementa a operação.

A nova e sistemática campanha midiática contra Lula, além da tentativa de desconstrução de imagem, busca abrir espaço para uma candidatura da chamada terceira via, que tem a adesão das empresas e bancos que financiam as cadeias de jornais, TV, rádio e meios digitais, controlado por um reduzido grupo de bilionárias famílias.

Nesse sentido, é fundamental uma combativa resposta política do PT, a mobilização militante nas redes e plataformas digitais, a criação de uma rede de comunicadores populares nas periferias e no interior do país. Ou seja, organizar um enfrentamento político e tecnológico contra a nova e odiosa campanha de mentiras e preconceitos contra o ex-presidente Lula.

As últimas eleições presidenciais nos Estados Unidos demonstraram um áspero e violento embate político no *front* das comunicações, envolvendo as mídias tradicionais e as plataformas digitais. Tudo indica que aqui não vai ser diferente. Lula e o Partido dos Trabalhadores (PT) vencerão o bolsonarismo e seu irmão siamês, o lavajatismo, mas não existe um caminho suave até 2022. É preciso estar atento e forte.

(27 de novembro de 2021)

SEMIPRESIDENCIALISMO: A TENTATIVA DE UM NOVO GOLPE PREVENTIVO CONTRA A VONTADE POPULAR

Setores das classes dominantes — e seus representantes políticos e institucionais — continuam o esforço para encontrar uma saída política que assegure a proteção de seus interesses e privilégios — ampliados a partir do golpe de 2016 contra a presidenta Dilma Rousseff.

O crescente isolamento político de Bolsonaro e os impasses para viabilizar a chamada 3ª via, que agora indica uma aposta no ex-juiz Sergio Moro, provocam o temor do 'andar de cima' sobre a possibilidade de retorno à presidência da República do ex-presidente Lula, que lidera com folga todas as pesquisas eleitorais para 2022.

O espectro do triunfo eleitoral de Lula, mais uma vez, fez ressurgir velhas maquinações e propostas casuísticas para mudar as regras do jogo. É o caso da tese do semipresidencialismo articulada por Michel Temer, cacique do MDB, e pelos ministros do Supremo Tribunal Federal (STF) Gilmar Mendes e Luís Roberto Barroso.

O engendro do semipresidencialismo é uma fórmula que implica na redução dos poderes e atribuições do presidente da República, obrigado a dividir com o Congresso Nacional a direção do governo.

A proposta em construção pretende conter e mutilar um futuro governo de tipo mudancista e antineoliberal, conduzido por forças políticas identificadas com os anseios populares. É um projeto regressivo e de viés golpista.

O objetivo central do projeto de adoção do semipresidencialismo é garantir uma blindagem neoliberal do Estado e de seu arsenal jurídico-institucional — erguido no curso do golpe de Temer e aprofundado pelo desastroso governo bolsonarista.

Em Portugal, durante um fórum de debates organizado pelo ministro Gilmar Mendes, o golpista profissional Michel Temer sugeriu a adoção do semipresidencialismo, "como um meio para evitar as crises políticas e a concentração de poderes nas mãos do presidente".

"O primeiro-ministro não precisa ser necessariamente um parlamentar. Os governos podem se suceder tranquilamente, sem traumas. O presidente pode dissolver o Parlamento e isso não precisa ser uma crise. Dentro do seu papel, o Executivo pode governar, a oposição pode se opor adequadamente e o Parlamento sustenta ou não o modelo proposto", argumentou Temer.

A proposta também encontra acolhida no parlamento, o deputado tucano Samuel Moreira (PSDB-SP) é o autor de uma PEC para adoção do semipresidencialismo, que conta com apoio do atual presidente da Câmara dos Deputados, Arthur Lira, um defensor público da tese.

A manobra tem um endereço certo: castrar um governo de esquerda encabeçado por uma coalizão liderada pelo Partido dos Trabalhadores. Vale lembrar que um plebiscito sobre o sistema de governo em 1993 garantiu por ampla margem de votos a permanência do sistema presidencialista.

A defesa do semipresidencialismo é impulsionada por segmentos da velha direita neoliberal que, sem perspectiva eleitoral consistente, recorrem ao habitual receituário do golpe preventivo, apresentando falsas soluções com aparência democrática. A tese expõe ainda o velho vício de arranjos e maneirismos do establishment em situações de crise: saída por cima, com alijamento do povo trabalhador da cena.

O debate sobre o sistema de governo aponta para a necessidade de uma nova Assembleia Nacional Constituinte, convocada no bojo de uma vitória popular nas urnas, o que abriria caminho para uma profunda reforma das carcomidas instituições do Estado nacional, enfrentar a questão da tutela militar e remover o oligárquico sistema político e eleitoral vigente, sob controle do poder econômico das diversas frações da burguesia nacional — sócia menor das potências capitalistas no projeto recolonização do Brasil.

(20 de novembro de 2021)

MORO QUER RECICLAR LIXO BOLSONARISTA PARA CONQUISTAR ELEITOR DA DIREITA

Após a filiação de Sergio Moro, ex-juiz e ex-ministro da Justiça do governo Bolsonaro, ao Podemos nessa semana, uma guerra feia e suja foi desatada entre as facções lavajatistas e bolsonaristas, que compartilham dos mesmos ideários e valores políticos conservadores: ultraliberais na economia e autoritários no terreno político e na gestão da máquina estatal. Para usar uma imagem: E como se fosse uma luta no gel entre os generais Heleno, bolsonarista raiz, e Santos Cruz — um fanático lavajatista.

O projeto eleitoral do partido lavajatista para se viabilizar necessita avançar sobre uma expressiva fatia do eleitorado do presidente Jair Bolsonaro. Os primeiros sinais dessa guerra foram verificados no decorrer da semana. E promete muita troca de chumbo grosso nos próximos meses.

No evento de filiação em Brasília promovido pelo Podemos, Sergio Moro lançou as bases de sua mensagem política, um discurso que resgatou as velhas bandeiras da campanha bolsonarista e abandonadas pelo presidente Jair Bolsonaro no governo. É o mais do mais mesmo do lixo da extrema direita — autoritarismo, agenda neoliberal e salvacionismo. Moro tenta reciclar o bolsonarismo, com as tinturas moralistas da Lava Jato.

Moro e sua turma apostam no definhamento do apoio do eleitor de direita e extrema direita ao presidente Bolsonaro. O cálculo considera que o casamento político com o Centrão, o abandono da pauta anticorrupção e as dificuldades econômicas podem provocar a fuga do eleitor conservador em direção ao ex-juiz.

A aposta de Moro precisa convencer também os segmentos do andar de cima que estão velozes e furiosos para arrancar o máximo de ganhos, que atuam na rapina sem precedentes do orçamento nacional via especulação financeira e a ciranda lucrativa com os títulos do tesouro nacional.

Para essa gente pragmática e voraz, a pregação moralista e salvacionista da Lava Jato é apenas um verniz, boa como bandeira de campanha, mas que não ajuda quando da conquista do governo.

A candidatura de Sergio Moro para se firmar precisa avançar sobre o eleitorado bolsonarista, é o primeiro e principal desafio do candidato do Podemos — o que vai exigir de Moro um duro enfrentamento nos próximos meses contra as resilientes legiões de Bolsonaro.

É verdade que o baronato da velha mídia, principalmente a Rede Globo, Veja e a Folha de São Paulo, ficou animado com o lançamento de Moro, que engrossa a fila de candidatos no vestibular da 3ª via — que padece até o momento de um acentuado raquitismo eleitoral.

Em seu discurso, Moro caprichou na pegada autoritária e salvacionista. Apresentou a ideia de um novo tribunal, uma tal "Corte Nacional Anticorrupção", um verdadeiro tribunal de exceção — uma proposta que atropela o atual ordenamento do Poder do Judiciário do país, integrado pelo Supremo Tribunal Federal (STF) e Superior Tribunal de Justiça (STJ). Ou seja, a criação de um órgão de tipo especial, uma justiça de exceção, tão ao gosto dos instintos neofascistas do lavajatismo.

Moro prometeu também mais "segurança", "leis mais duras", "repressão policial", "combate ao crime". Uma cantilena conhecida da extrema direita e que sabemos muito bem na prática o seu resultado e destinação: criminalização da pobreza e políticas repressivas de segurança contra as demandas sociais e os movimentos populares.

Para combater a pobreza generalizada, Moro sugeriu a criação de grupos baseados nos métodos de uma força-tarefa. Uma sugestão sem pé nem cabeça da turma da Lava Jato. Ao invés de robustos programas sociais, políticas de recuperação salarial e forte investimento do Estado para fomentar a retomada econômica, o candidato do Podemos pretende confinar e invisibilizar a população mais pobre.

O lavajatismo é uma expressão criminosa e perversa de setores da classe dominante, que opera no terreno da disputa política com uma mentalidade autoritária, antidemocrática e antinacional.

A candidatura de Sergio Moro pretende reciclar o lixo bolsonarista para conquistar o eleitorado da extrema direita, conservador, e, com isso, se viabilizar como o candidato da chamada 3ª via — nome fantasia dos velhos partidos e lideranças da direita neoliberal.

No momento, Moro esquenta o banco de reservas, mas a burguesia e o império do Norte estão de olho no seu desempenho. Até pagam profissionais especializados para que ele aprenda a falar como um presidenciável.

(13 de novembro de 2021)

A DESTRUIÇÃO DO BOLSA FAMÍLIA É O ESTADO MÍNIMO PARA OS POBRES

O governo neoliberal e autoritário do presidente Bolsonaro extinguiu o programa Bolsa Família, uma medida que afeta a existência imediata de 13,9 milhões de famílias, que integram a base mais vulnerável da sociedade.

Após 18 anos de uma política de transferência de renda bem-sucedida, com inegáveis resultados no combate à pobreza extrema — e que foi uma porta de saída para milhões de brasileiros, garantindo as condições mínimas para a permanência na escola, o acesso ao consumo de algumas proteínas, o ciclo completo do calendário vacinal para as crianças e a redução da mortalidade infantil.

A decisão criminosa do governo da extrema direita acontece na fase mais aguda da crise econômica, social e sanitária em curso no país, com mais de 600 mil mortos pela Covid, com mais de 20 milhões de brasileiros padecendo de fome, 14 milhões de desempregados, 6 milhões de desalentados e milhões de trabalhadores precarizados e explorados de maneira brutal na informalidade — sem perspectivas de emprego formalizado e de uma mínima rede de proteção social.

A destruição do Bolsa Família coincide com o fim do auxílio emergencial, que atualmente atende 39 milhões de pessoas. Ou seja, o governo Bolsonaro promove um violento e duplo ataque ao povo mais pobre: elimina a transferência de renda do Bolsa Família e termina também com auxílio emergencial instituído pelo Congresso Nacional no início da pandemia.

No lugar do Bolsa Família, o governo bolsonarista promete a criação de um vago, improvisado e datado Auxílio Brasil, que deve alcançar cerca de 17 milhões de pessoas, uma parcela menor do número de brasileiros pauperizados pelo garrote do teto de gastos — a intocável vaca sagrada do credo neoliberal.

A destruição do Bolsa Família revela a natureza perversa da política econômica neoliberal executada pelo governo Bolsonaro, que prioriza o arrocho fiscal contra os pobres e o contra investimentos sociais, operando a concentração dos recursos do orçamento do estado nacional a favor do rentismo e facilitando aquisição e a captura das empresas públicas e estatais pelos grupos econômicos monopolistas estrangeiros e nacionais.

A medida provisória do chamado Auxílio Brasil, que ainda será submetida ao Congresso, dominado pela maioria do Centrão pró-Bolsonaro, enfrenta a incerteza quanto aos seus mecanismos de financiamento, o que implica no engendro do adiamento do pagamento de precatórios. Uma "pedalada bolsonarista" aceita pelos defensores do rigor fiscal.

O áudio vazado de uma palestra do banqueiro André Esteves para investidores e funcionários do BTG Pactual, divulgado com exclusividade pelo portal de notícias Brasil 247 no fim de semana passado, apresenta de forma cristalina o modo de pensar e agir das classes dominantes do país.

A fala do banqueiro, oscilando entre momentos de realismo e desejo, defendeu a pertinência e o acerto da agenda neoliberal selvagem aplicada pelo governo Bolsonaro, de privatização do aparelho estatal e de desmonte dos programas sociais, o que atinge em cheio as condições de vida da população trabalhadora.

Uma saída democrática e pela esquerda da atual crise brasileira demanda uma vigorosa agenda antineoliberal, de reconstrução nacional, de reversão das privatizações, de inclusão social — como a adoção de uma renda básica universal e permanente para os setores mais vulneráveis da população — e enquadrar o orçamento e os bancos estatais sob a ótica dos interesses da maioria do povo, rompendo com as amarras fiscais que garantem a imposição do estado mínimo para o andar de baixo.

(30 de outubro de 2021)

A 3ª VIA E O PROJETO SALVACIONISTA E ANTINACIONAL DO LAVAJATISMO

Na última quarta-feira (20), o plenário da Câmara dos Deputados rejeitou a ampliação do Conselho Nacional do Ministério Público (CNMP) de 14 para 17 vagas. Um substitutivo apresentado pelo deputado Paulo Magalhães (PSD-BA) à Proposta de Emenda à Constituição (PEC) 5/21, originada do deputado Paulo Teixeira (PT-SP), obteve 297 votos favoráveis contra 182 e 4 abstenções, mas faltaram 11 votos para obter o mínimo de apoio necessário de 308 deputados.

O placar apertado é revelador da confusão que o tema gera entre os parlamentares, inclusive os de esquerda, que foram bombardeados por uma campanha midiática qualificando a PEC-5/21, de "PEC da vingança" contra o Ministério Público.

A Rede Globo mobilizou artistas e celebridades para condenar a proposta, abusando do discurso contra a interferência dos políticos e da necessidade da independência do Ministério Público.

Os 11 votos que faltaram para aprovação do substitutivo foram de parlamentares de esquerda. A bancada do PSOL e a maioria dos deputados do PDT e PSB votaram contra a PEC. PT e PCdoB fecharam questão a favor do substitutivo, que defendia maior controle e transparência do MP.

Sem dúvida o fogo de barragem das organizações corporativas vinculadas ao MP e mais a campanha midiática criaram um clima para a rejeição da PEC. É o que explica a posição adotada pela totalidade da bancada do PSOL e as abstenções de duas parlamentares do PCdoB e da única abstenção do PT.

A PEC formulada originalmente pelo deputado Paulo Teixeira visa conter os abusos e promove uma maior transparência no funcionamento do CNMP, que se transformou num aparelho corporativo e de autoproteção dos promotores, acobertando os delitos ocorridos nas diversas instâncias do MP. O caso mais lembrado pelo autor da PEC foi a atuação da força-tarefa da operação Lava Jato.

O texto original da PEC-5 ainda será objeto de apreciação na Câmara dos Deputados e, mais uma vez, será alvo de intensa pressão por parte do lavajatismo, que tenta ganhar algum fôlego político no momento.

A 3ª via e o lavajatismo

Em crise e fragmentada, a direita tradicional — ou velha direita neoliberal — ainda patina na busca de uma candidatura para unificar o baronato da Faria Lima. O pífio desempenho nas últimas pesquisas eleitorais de Doria (PSDB), Ciro Gomes (PDT), Eduardo Leite (PSDB) e Mandetta (DEM) animou as viúvas da Lava Jato, que defendem a candidatura do ex-juiz Sergio Moro. Ele até fez um anúncio de filiação ao Podemos em 10 de novembro.

No vácuo entre a anemia eleitoral dos candidatos da velha direita e o desgaste gradual do bolsonarismo, a 3ª via aposta na ressurreição da cruzada da Lava Jato contra Lula e o presidente Bolsonaro, agitando a surrada bandeira do "combate" à corrupção, ao sistema político corrompido e prometendo privatizar o que restou da estrutura estatal e pública no país após o golpe de 2016. O conteúdo da mensagem da virtual candidatura de Moro é a mesma da República de Curitiba: punitivismo judicial classista e neoliberalismo.

Apesar do desgaste de Moro, a experiência de outros países já demonstrou a possibilidade real do surgimento de uma candidatura reacionária de negação da política — pretensamente contra todos. Bolsonaro surfou nessa onda em 2018.

Além disso, o lavajatismo é também uma corrente de opinião de extrema direita, que apela para um discurso de caráter salvacionista e autoritário, atraindo o apoio dos segmentos mais abastados da classe média e da escória militante desgarrada do bolsonarismo, agrupadas em movimentos como MBL, Vem Pra Rua, Laços pelo Brasil, Movimento Contra a Corrupção e das entidades de representação do aparato judicial e da alta burocracia federal.

Discurso reciclado sobre o legado da Lava Jato

Órgãos da mídia corporativa — principalmente a Rede Globo e Folha de São Paulo — apresentam os crimes da Lava Jato como simples desvios da "rota positiva" da operação no combate à corrupção no interior do estado brasileiro. Segundo a mídia pró-Lava Jato, a experiência foi positiva e que um balanço da operação não pode abrir caminho para a volta da impunidade dos agentes públicos. Ou seja, o mesmo discurso favorável ao lavajatismo, reciclado por um tom mais suave após as revelações dos métodos criminosos praticados por Sérgio Moro e Deltan Dallagnol.

Vale lembrar que as ações da Lava Jato desembocaram na criminalização de partidos e lideranças políticas, que teve como maior expressão a campanha inédita de lawfare contra um líder político brasileiro — o ex-presidente Lula -, condenado e preso sem provas por 580 dias. O encarceramento "preventivo" de executivos de empresas privadas e públicas, as delações forjadas, as conduções coercitivas ilegais, as prisões filmadas, os vazamentos seletivos para a Rede Globo, a falsificação de documentos e a espionagem de advogados de defesa dos acusados foram alguns dos mecanismos criminosos utilizados pela operação.

A Lava Jato legou ainda um enorme passivo na economia do país: sob o pretexto do combate à corrupção, provocou a implosão de setores econômicos inteiros, afetando a indústria da construção civil e de infraestrutura pesada, a indústria naval, o setor químico e a cadeia produtiva de petróleo e gás.

O enfrentamento ao lavajatismo é uma componente do esforço político da esquerda e dos trabalhadores para derrotar o projeto de recolonização neoliberal aplicado pela velha direita e pelo bolsonarismo.

(24 de outubro de 2021)

ELEIÇÕES 2022: ME CHAMA QUE EU VOU

Governador por três vezes, o ex-senador Roberto Requião iniciou um giro político pelo estado do Paraná, que atualmente é desgovernado por um aliado do presidente Jair Bolsonaro, o sonolento Ratinho Jr.

A caminhada de Requião é animada por um projeto que reúne diversas forças políticas que defendem uma mudança de rumos no Paraná, que foi atirado na última década em um processo privatizante de suas mais importantes empresas públicas (Copel, Sanepar, Copel Telecom, Compagas), no desmonte dos serviços públicos, e no abandono de programas sociais e das políticas públicas de inclusão social.

O povo paranaense ainda é obrigado a conviver com uma pilhagem contínua para transitar nas estradas. É assaltado diariamente nas praças de pedágio, a tarifa mais cara do país, e um fator inflacionário nos preços de serviços e produtos —, afetando principalmente a economia de pequenos municípios.

O ex-governador Requião, que deixou o MDB após a captura do diretório local por apoiadores de Ratinho e Bolsonaro, ainda avalia o quadro partidário, sintonizado com as movimentações políticas que ocorrem no plano nacional. Ele mantém diálogos sobre uma futura filiação com o PSB, PT, PDT e até com o PSOL.

Além disso, nos últimos meses, Requião opera um esforço político para atrair legendas e lideranças que extrapolam o campo de esquerda e centro-esquerda. É o que se chama de forma brejeira de a "Geringonça do Paraná", uma alusão à experiência de aliança política da esquerda e dos progressistas que governa Portugal.

Segundo as pesquisas eleitorais e avaliações de inúmeros cientistas políticos, as eleições de 2022 indicam uma valorização da experiência dos gestores públicos. Ou seja, de políticos com uma trajetória conhecida pelo eleitor, o que é um contraponto à onda disruptiva de 2018, que abriu espaços para uma gama de aventureiros do tipo de Wilson Witzel, no Rio de Janeiro, e Romeu Zema, em Minas Gerais.

O desastroso governo bolsonarista e a desmoralização da Lava Jato também são fatores que incidem fortemente na conjuntura política e no humor da população. A conduta irresponsável e bisonha do presidente Jair Bolsonaro contribuiu para o agravamento da crise econômica, institucional e sanitária em curso no país.

Em um manifesto divulgado no mês de maio, Roberto Requião esboçou cinco compromissos estruturantes para um projeto de desenvolvimento com inclusão social e participação popular: "1- Compromisso com a democracia. Ele aponta para o aperfeiçoamento do sistema político brasileiro, em bases amplamente participativas, com o resgate da dignidade da função pública em todos os níveis; 2- Compromisso com a soberania. Ele representa nossa determinação de dar continuidade ao processo de construção nacional, buscando recuperar para o Brasil um grau suficiente de autonomia decisória; 3- Compromisso com a solidariedade. Ele explicita a construção de uma nação de cidadãos, eliminando-se as chocantes desigualdades na distribuição da riqueza, da renda e do acesso à cultura; 4- Compromisso com o desenvolvimento. Ele expressa a decisão de pôr fim à tirania do capital financeiro e à nossa condição de economia periférica. 5- Compromisso com a sustentabilidade. Ele estabelece uma aliança com as gerações futuras, pois se refere à necessidade de buscarmos um novo estilo de desenvolvimento, socialmente justo e ecologicamente viável".

O presidente estadual do PT, o deputado Arilson Chioratto, um dos organizadores das caravanas "Me chama que eu vou" define claramente o sentido do projeto. "Precisamos de proteção do Estado, precisamos que os governantes exerçam o papel social para que foram eleitos, que é representar as necessidades da população. Porém, atualmente, o que vemos é a defesa dos interesses de uma minoria, através de privatizações e da redução da qualidade dos serviços públicos", afirma o dirigente petista.

Nos próximos dias, Requião e seus aliados farão encontros em Ponta Grossa — região centro-sul — e em Paranaguá — litoral — para apresentar e debater o projeto democrático e popular para derrotar as forças entreguistas e neoliberais no Paraná e no Brasil.

(16 de outubro de 2021)

SERGIO MORO ENTRA NO "VESTIBULAR" DA TERCEIRA VIA

As lideranças dos partidos da velha direita neoliberal continuam a busca desesperada por um candidato para chamar de seu. A chamada terceira via agora mira no ex-juiz e ex-ministro da Justiça do governo Bolsonaro, Sergio Moro.

O líder do lavajatismo é o mais novo nome que entra na fila do vestibular da terceira via, que tenta construir uma candidatura alternativa para enfrentar Lula, na dianteira de todas as pesquisas eleitorais nos últimos meses, e o presidente Jair Bolsonaro — desgastado, mas com um apoio oscilando em torno de 30% do eleitorado. Ambos lideram a corrida presidencial para 2022.

A polarização do eleitorado na direção dos extremos do espectro político, representado pela esquerda por Lula e na extrema direita por Bolsonaro, é um fator objetivo, que tem bloqueado o surgimento de uma candidatura competitiva da velha direita neoliberal.

Até o momento prevalece uma grande divisão entre as principais legendas que compõem a terceira via: PSDB dividido entre os governadores João Doria [SP] e Eduardo Leite [RS], os dois com raquíticos índices nas pesquisas; o ex-ministro Mandetta e o presidente do Senado Rodrigo Pacheco não empolgaram o DEM, que prepara uma fusão com o PSL, uma das legendas integradas por bolsonaristas.

O MDB também segue dividido e parte das lideranças do partido na região Nordeste namora com ex-presidente Lula. A senadora Simone Tebet [MDB-MS] é um dos nomes que pululam na terceira via. O ex-ministro Ciro Gomes [PDT] patina na 3ª via e tem radicalizado o seu discurso antipetista, a tática não resultou em crescimento nas pesquisas.

A tentativa de resgate político de Sergio Moro é uma sinalização das dificuldades para viabilizar, por ora, uma candidatura "nem, nem" dos velhos partidos da direita liberal e de seus patronos no mundo das altas finanças e do baronato que controla as principais corporações de mídia do país.

As pesquisas apontam que Sergio Moro, apesar de ostentar determinado nível de popularidade, perdeu força e, na proporção em que foram aparecendo os crimes e as mazelas da Lava Jato, sua reputação foi minguando, construída no bojo de uma gigantesca farsa judicial e de operações selvagens de *lawfare* — tendo como alvo principal o ex-presidente Lula, que amargou uma injusta prisão de 580 dias e foi proscrito da disputa eleitoral de 2018.

A aposta da terceira via em Moro significa a continuidade da agenda neoliberal do "combate" à corrupção, uma arma para enfraquecer o papel do Estado nas economias dependentes da América Latina — uma ação política impulsionada pelo governo norte-americano através de suas agências atuantes nas áreas de inteligência, segurança, justiça e de guerra comercial.

Além disso, o legado da Lava Jato no plano político foi o favorecimento da ascensão da extrema direita ao governo com Jair Bolsonaro; na economia, desestruturou setores inteiros da indústria nacional — cadeia do petróleo e gás, construção pesada e da indústria naval —, gerando desemprego e a desnacionalização desses segmentos econômicos.

Resta saber se as maquinações da velha direita e do andar de cima prosperam no atual cenário marcado por uma crise econômica, social, institucional e sanitária sem precedentes, que demanda um novo rumo ao país.

Moro, antes de viajar para os Estados Unidos, anunciou que vai decidir sobre o seu futuro político no próximo mês de novembro. O Podemos e o DEM já ofereceram suas legendas para as pretensões presidenciais do ex-juiz.

Sergio Moro aparece nas pesquisas oscilando entre 4% e 8%, em algumas chegou a pontuar 10%. Sem a toga e a demagogia pseudojusticeira, na arena aberta da política, Moro vai enfrentar o julgamento popular — o mais implacável e democrático. Antes, precisa passar no vestibular da terceira via.

(9 de outubro de 2021)

BOLSONARO PRIVATIZA ELETROBRAS E DEFENDE "APAGÃO" COMO SAÍDA PARA CRISE ENERGÉTICA

O governo Bolsonaro pretende mergulhar o país literalmente nas trevas: não bastam os quase 600 mil mortos pela Covid-19, os milhões de desempregados, o descontrole da inflação, o flagelo da fome e do desalento que afetam a vida de milhões de brasileiros, agora a população corre o risco de sofrer um sério e prolongado racionamento de energia elétrica. Um apagão provocado por uma política desastrosa na gestão dos recursos hídricos e resultado do processo de privatização do Sistema Eletrobras.

Diante da ameaça de apagão, o presidente pede aos brasileiros que deixem de tomar banho quente, que deixem de andar de elevador, que deixem de usar o ar-condicionado, e que parem de acender as luzes.

"Até faço um pedido para você agora. Se tem uma luz acesa a mais na tua casa, por favor apague. Nós estamos vivendo a maior crise hidrológica dos últimos 90 anos. Se você puder apagar uma luz na tua casa, se puder desligar o teu ar-condicionado. Se não puder — está com 20 graus?, passa para 24 graus, gasta menos energia", apelou Bolsonaro — o pedido que combina o cinismo com o patético foi feito em sua *live* na última quinta-feira [23].

Especialistas do setor apontam que a crise energética é de responsabilidade do governo bolsonarista, que não preparou um plano estratégico para enfrentar o longo período de estiagem nas regiões das maiores hidrelétricas, esgotando nos últimos meses a capacidade dos reservatórios.

Por sua vez, o governo federal reconhece que a escassez de águas que hoje atinge os reservatórios das hidrelétricas, principalmente no Sudeste e no Centro-Oeste, é a maior dos últimos 91 anos, mas as medidas anunciadas caminham na direção do racionamento e na penalização do consumidor, com os seguidos reajustes das tarifas, onerando mais ainda o combalido orçamento das famílias da classe trabalhadora.

A fala do presidente é um atestado da incompetência do governo e das autoridades gestoras do setor, que meses atrás negavam os riscos de um colapso do sistema. Em estados do extremo norte do país — Amapá e Roraima, por exemplo —, o quadro já é bastante preocupante, com a ocorrência de apagões intermitentes. No último domingo [19], mais de 70 cidades dos estados do Rio de Janeiro e Minas Gerais foram afetadas por quedas de energia durante horas.

A nova política tarifária determinada pela Agência Nacional de Energia Elétrica [Aneel], com a adoção no final de agosto da bandeira vermelha, implicou em um reajuste de 6,78% nas contas de luz dos brasileiros. O reajuste vale até abril de 2022 e exclui pessoas de baixa renda e o estado de Roraima. A medida joga nas costas da população o custo da irresponsabilidade do governo da extrema direita, forçando a redução do consumo via aumento tarifário.

O racionamento elétrico, com uma projeção de agravamento em 2022, amplia o cenário dramático da economia nacional, que atravessa uma fase de estagnação e sem uma perspectiva de retomada consistente nos próximos meses.

O crime da privatização da Eletrobras

A privatização da Eletrobras é mais um crime do governo Bolsonaro e de seus aliados neoliberais no parlamento. O Sistema Eletrobras controla 233 usinas, que produzem mais de 1/3 da energia consumida no Brasil, com mais de 70 mil quilômetros de linhas de transmissão. A privatização significa a energia mais cara na ponta, com o repasse dos custos ao povo brasileiro. De acordo com a Aneel, a privatização da Eletrobras pode elevar a conta de luz em até 16,7%, logo no primeiro momento.

As experiências de privatização das companhias estaduais de energia elétrica nos estados de Goiás, Acre, Rondônia, Roraima, Amapá, Amazonas, Piauí e Alagoas significaram tarifas abusivas, serviços terceirizados de péssima qualidade e o sucateamento do conjunto da rede de distribuição instalada — o que afetou a qualidade dos serviços.

A privatização é um risco também para o meio ambiente. A Eletrobras tem 47 barragens hídricas, algumas com mais de seis décadas de existência e por responsabilidade de Estado e expertise em engenharia de segurança de barragens, o país nunca teve sequer a ameaça de desastres como os rompimentos das barragens de rejeito da Vale em Brumadinho e Mariana (MG), que foram privatizadas.

A Eletrobras tem baixo perfil de endividamento e fluxo de caixa suficiente para investir em obras estruturantes, ampliando a capacidade brasileira de geração e transmissão de energia. Nos últimos 20 anos, a estatal distribuiu mais de R$ 20 bilhões em dividendos para a União.

Segundo o Ministério da Economia, a moldura do processo que levará à privatização da maior estatal elétrica da América Latina, prevista para o primeiro trimestre de 2022, será concluída até o final de outubro com a contratação do pool de bancos para executar a oferta das ações.

A campanha Fora Bolsonaro, sob condução da frente de esquerda, precisa reforçar o combate contra as privatizações. Além da Eletrobras, o governo autoritário e neoliberal prepara a entrega dos Correios. Derrotar Bolsonaro abre o caminho para enterrar a nefasta agenda de recolonização neoliberal do Brasil.

(25 de setembro de 2021)

CRISE NA ARGENTINA: UM DURO RECADO SOBRE AS ILUSÕES POLÍTICAS COM "FRENTES AMPLAS"

A crise política na Argentina ganhou mais densidade nesta semana com a carta divulgada pela vice-presidenta Cristina Kirchner na última quinta-feira [16]. O documento expressa o sentimento das bases populares que apoiaram a coalizão *Frente de Todos* nas eleições presidenciais de 2019, em particular dos grupos mais vinculados ao peronismo popular — lideranças sindicais, de piqueteiros, de movimentos de desempregados e comunales —, que criticam as medidas econômicas adotadas pelo governo do presidente Alberto Fernández — identificadas como de cedência ao macrismo neoliberal.

O presidente Alberto Fernández sofreu uma dura derrota nas eleições primárias do último domingo [12], o que demonstrou o descontentamento crescente com os rumos do governo nos últimos meses: inflação, desemprego e a relação com o Fundo Monetário Internacional [FMI] são questões que despertam a ira do povo trabalhador diante da tibieza presidencial.

Mais de dez integrantes do primeiro escalão do governo entregaram os seus cargos, incluindo cinco ministros, e parlamentares peronistas aumentaram o teor das críticas ao presidente Fernández.

A situação atual da Argentina é um reflexo do esgotamento da aplicação do modelo neoliberal, repudiado nas urnas em diversos países da região. A fórmula Alberto Fernández-Cristina Kirchner foi eleita com a expectativa de reverter os anos de desastre neoliberal do governo Maurício Macri.

As tentativas de mitigar a execução do projeto neoliberal não agradaram a maioria dos argentinos e o titular da Casa Rosada amarga forte queda em seus índices de popularidade.

Na carta, Cristina Kirchner insta ao presidente para que respeite e honre a vontade do povo argentino e lembrou que, ao tomar a decisão de propor Fernández como candidato, o fez com a convicção de que era o melhor para o país.

A polarização política em curso na América Latina tem como eixo determinante a luta contra o projeto de recolonização neoliberal — conduzido pelo imperialismo norte-americano em aliança com as classes dominantes locais.

O cenário vivenciado pelos hermanos é um indicador dos limites e do curto prazo de validade das políticas conciliadoras e de frente ampla com segmentos e frações da burguesia liberal.

O recado que vem da Argentina serve também de alerta para as forças de esquerda e populares no Brasil: o combate ao neoliberalismo deve ser o centro da agenda programática e mudancista, uma proposta política capaz de despertar e mobilizar a esperança de milhões de brasileiros, que padecem com o desemprego, a redução de direitos sociais, a fome e o desalento.

(18 de setembro de 2021)

IMPEACHMENT JÁ: OS 7 CRIMES JÁ PRECIFICADOS DE BOLSONARO

Documento produzido por uma comissão de juristas para subsidiar os trabalhos da CPI da Covid-19 do Senado indica um conjunto de crimes praticados pelo presidente Jair Bolsonaro. O parecer, entregue nesta terça-feira [14], concluiu que o mandatário cometeu crime de responsabilidade.

De acordo com o parecer de 230 páginas, Bolsonaro sabotou o combate à pandemia, minimizando os efeitos da doença e propondo fármacos ineficazes para enfrentar o vírus da Covid-19. Além disso, Bolsonaro orientou uma ampla campanha contra o isolamento social no auge da pandemia, o que contribuiu para a morte de quase 600 mil brasileiros e milhões de sequelados pelo novo coronavírus.

O texto diz ainda que o presidente cometeu crimes contra a humanidade, a ordem pública e a administração federal — o que é objeto de investigação pela CPI do Senado. O documento responsabiliza, ao lado do chefe do Poder Executivo, o ex-ministro da Saúde Eduardo Pazuello e o ex-secretário executivo da pasta Élcio Franco.

O parecer é uma prévia do relatório final da CPI da Covid, que está em fase final de preparação, segundo o senador Renan Calheiros [MDB-AL]. A peça jurídica foi assinada pelo jurista Miguel Reale Júnior, pela juíza federal do TRF-3 Sylvia H. Steiner, por Helena Regina Lobo da Costa, professora da USP, e o advogado Alexandre Wunderlich.

Crimes precificados

O governo de Bolsonaro e dos generais é o responsável político e administrativo pelos resultados da pandemia que sufoca o país e pela ausência de um eficaz plano vacinal, como vem revelando a apuração da CPI da Covid no Senado.

A ideologia negacionista do governo da extrema direita facilitou o aumento do contágio da Covid-19 entre a população, com a tese criminosa da "imunidade de rebanho". A nefasta pregação em defesa da tese negacionista significou, na prática, a falta de contratação de leitos, de um maior investimento no SUS, no atraso da compra de vacinas para aplacar o contágio e das inegáveis repercussões na economia, gerando o aumento das falências e do desemprego. Bolsonaro provocou o genocídio das pessoas físicas e da economia real, principalmente dos pequenos negócios.

Os últimos acontecimentos políticos com o fracasso da setembrada golpista de Bolsonaro e o nebuloso acordo costurado por Michel Temer, em nome do andar de cima, demandam o reforço da mobilização popular da Campanha Fora Bolsonaro, exigindo a imediata abertura do processo de impeachment do presidente genocida.

Resta saber, mais uma vez, como os partidos do Centrão e a velha direita neoliberal da 3ª via — PSDB, MDB, DEM, PSD — irão se comportar sobre o encaminhamento dos pedidos de impeachment.

Recomendo ao caro leitor que faça a sua aposta nas ruas, no dia 2 de outubro.

(15 de setembro de 2021)

SETEMBRADA: ACORDÃO AFASTA *IMPEACHMENT* DE BOLSONARO E ABRE CAMINHO PARA A 3ª VIA

A turma da Faria Lima, a *crème de la crème* do andar de cima, resolveu meter a mão mais abertamente no processo político em curso, após a setembrada golpista impulsionada pelo presidente Jair Bolsonaro contra o Supremo Tribunal Federal [STF], alvo principal da fúria da extrema direita nas manifestações do dia 7, que apesar do relativo sucesso de público, provocou um enorme desconforto aos donos do dinheiro e o temor da situação sair fora de controle — principalmente com a realização de piquetes de caminhoneiros em diversas estradas do país durante a semana.

Na quinta-feira [9], um dia carregado em Brasília, a plutocracia paulista despachou o golpista Michel Temer para um tête-à-tête com Jair Bolsonaro, que resultou em uma carta do presidente acenando com uma espécie de trégua em relação ao STF. Diz um trecho da missiva que, segundo os jornalões, foi escrita por Temer: "Nunca tive nenhuma intenção de agredir quaisquer dos poderes. Sei que boa parte dessas divergências decorrem de conflitos de entendimento acerca das decisões adotadas pelo Ministro Alexandre de Moraes no âmbito do inquérito das *fake news*".

O documento, que deixou a base mais radicalizada de Bolsonaro em crise, termina dizendo que as palavras proferidas pelo presidente nas manifestações golpistas de 7 de setembro foram feitas "no calor do momento e dos embates".

Três tipos de reações políticas surgiram imediatamente após a divulgação da carta: para os apoiadores extremistas do governo foi uma capitulação, fim do jogo, segundo alguns mais exaltados. Raciocínio reformado ao longo da sexta-feira [10] como um "recuo tático" necessário para prosseguir o combate. Já para os líderes da oposição de esquerda, o gesto de Bolsonaro, costurado por Michel Temer, foi recebido com ceticismo e como mais uma manobra para ganhar tempo. Afinal, ele já recorreu ao mesmo expediente em diversas situações anteriores, lembram os oposicionistas.

Por sua vez, para os segmentos financeiros e empresariais — e seus operadores políticos de estimação na direita neoliberal —, o tropeço de Bolsonaro forjou uma espécie de trégua, uma paz temporária, para garantir a aprovação de projetos importantes no parlamento e a agenda das privatizações, que capenga sob o comando de um Paulo Guedes cada vez mais enfraquecido.

A setembrada de Bolsonaro teve como resultado político efetivo um ensaio de acordo entre o governo e o establishment institucional e empresarial, que através de suas organizações corporativas vazou uma profusão de notas e notinhas de descontentamento. A carta redigida por Temer é a expressão desse acordo no andar de cima, o que, na prática, afastou o risco de impeachment. A duração do compromisso agora já não depende apenas do presidente.

3ª via ou bolsonarismo sem Bolsonaro

Bolsonaro, que combinava até o momento a dupla tática da ameaça golpista ao lado do jogo parlamentar com o Centrão no Congresso para sobreviver até 2022, saiu desgastado da setembrada, a base mais dura de apoio desalinhada, e com dúvidas acerca de como prosseguir daqui em diante.

No interior do governo, e até em franjas do bolsonarismo, surgiu pela primeira vez o debate de possíveis nomes alternativos ao de Bolsonaro para a futura disputa presidencial. O nome do ministro da infraestrutura Tarcísio Freitas, um engenheiro militar, é cada vez mais sussurrado nas hostes governistas — e conta com a simpatia dos generais palacianos.

O vice-presidente Hamilton Mourão se articula por fora do governo, e alimenta a esperança de alguns setores que torcem pela viabilização de uma terceira via mais próxima do bolsonarismo. Mourão, aliás, é sempre recebido com tapete vermelho nos corredores globais do Jardim Botânico.

No entanto, o fato mais relevante da setembrada, que deixou o presidente Bolsonaro na defensiva, foi a oportunidade aberta para a chamada terceira via, que calcula marchar sobre as bases bolsonaristas desgarradas e desiludidas com o capitão, rompendo, assim, com atual polarização política existente entre a extrema direita e a esquerda. É uma possibilidade real na medida em que o governo bolsonarista se mostra incapaz de executar a agenda neoliberal selvagem exigida pelas forças do capital.

É verdade que a "boiada" continua passando, mas o ritmo e as confusões institucionais provocadas por Bolsonaro tornam o processo mais lento, custoso e acidentado. E a tarefa mais sangrenta da recolonização neoliberal do país ainda não foi concluída.

Apesar das tensões geradas por Bolsonaro, os donos do dinheiro não querem apeá-lo da presidência. Até porque não há ainda um candidato consolidado da chamada terceira via para substituí-lo. Além disso, as instituições da República, principalmente o Supremo, procuram estabelecer algum nível de controle sobre os impulsos autoritários do presidente.

Dia 12, ato pró 3ª via é contra a esquerda

Uma peça movida pela velha direita neoliberal para pavimentar o caminho da terceira via passa também por uma suposta adesão à campanha "Fora Bolsonaro". A manifestação convocada e organizada pelo movimento neofascista MBL, por grupelhos lavajatistas, PSDB, NOVO, MDB e setores do PDT para o domingo [12] na Paulista cumpre essa função.

Vale lembrar que nem um dos partidos da velha direita golpista apoiou qualquer dos mais de cem requerimentos engavetados por

Arthur Lira na Câmara de Deputados que pedem o impeachment de Bolsonaro.

Portanto, tudo indica que a movimentação do dia 12 é mais uma operação para testar o alcance e a força do apelo da palavra de ordem "nem Bolsonaro, nem Lula", preparando o terreno de uma candidatura da direita neoliberal, de tipo puro sangue. O ato na Paulista é visto por diversos setores políticos como uma ação que favorece o projeto presidencial do governador João Doria [PSDB].

Saída da crise é pela esquerda

Uma saída democrática e progressista da atual crise — política, institucional, econômica e sanitária — só virá no bojo de uma potente mobilização popular.

Neste sentido, é indispensável reforçar mais ainda a unidade da frente única dos partidos de esquerda e progressistas, das frentes e movimentos sociais em torno de uma agenda de manifestações que priorize os territórios de concentração da população trabalhadora, dos bairros populares, corredores fabris e áreas de ocupação urbanas. Além da promoção de atividades culturais massivas com a juventude periférica. Ou seja, diversificar, relançando a campanha Fora Bolsonaro.

Por isso, as próximas mobilizações marcadas pela Campanha Fora Bolsonaro como a jornada nacional no dia 2 de outubro e os atos regionais merecem todo empenho para a construção de atos massivos em defesa da democracia, dos direitos do povo e pelo impeachment do presidente genocida.

O peso e a responsabilidade dos principais partidos de esquerda — em especial do PT, PSOL e PCdoB — e da Central Única dos Trabalhadores (CUT), do MTST, MST e da Central de Movimentos Populares, são fatores decisivos para o êxito dos atos neste momento crucial da luta entre o povo trabalhador e as classes dominantes. Afinal, a luta contra o neofascismo é inseparável da derrota do projeto neoliberal aplicado e defendido pelo governo bolsonarista e pelos partidos da frente ampla da velha direita.

Somente a esquerda partidária e social é capaz de liderar, de forma consequente, o combate pela reconstrução nacional e apresentar um projeto democrático-popular, que contemple os anseios da classe trabalhadora e assegure através da convocação de uma Assembleia Nacional Constituinte os direitos do povo e o resgate do patrimônio público — que foi subtraído por tenebrosas transações com o golpe de 2016 e a farsa implementada pela Lava Jato.

(11 de setembro de 2021)

O PULSO DAS RUAS EM SETEMBRO

Setembro inicia com a luta política transbordando para ocupação das ruas. Entre os dias 7 e 12 de setembro, os três principais blocos políticos que disputam os rumos do país farão manifestações: dia 7, os apoiadores de extrema direita do governo Bolsonaro prometem uma manifestação gigante na Paulista; no mesmo dia, partidos de esquerda, frentes e movimentos sociais realizarão a quinta jornada da campanha Fora Bolsonaro no Vale do Anhangabaú, centro velho de São Paulo; dia 12, na Paulista, é a vez da terceira via com os movimentos da direita neoliberal MBL, Vem Pra Rua e tucanos apoiadores da candidatura do governador João Doria.

É a abertura de uma nova fase da luta política em curso, com a radicalização golpista do bolsonarismo e a tentativa de construção de uma terceira via contra o ex-presidente Lula, que lidera as atuais pesquisas eleitorais para a disputa presidencial de 2022.

O fato novo das manifestações deste setembro de 2021 é a convocação da velha direita neoliberal para as ruas depois de 2015-16, quando abriu o caminho para a extrema direita capitalizar o sentimento antipetista e cavalgar na popularidade da farsesca operação Lava Jato — o que facilitou a chegada de Bolsonaro ao governo nas eleições de 2018, com Lula proscrito pelo STF.

O discurso da terceira via neoliberal de "Nem Bolsonaro, nem Lula" é uma tentativa de romper com a polarização política real, objetiva, existente no país desde 2014. Tudo indica que a chamada terceira vai tentar cavar espaço eleitoral batendo duro em Lula, nome que representa a esquerda do espectro político.

A senha já foi dada pelos jornais Financial Times e Folha de São Paulo que nesta semana em editoriais e em longos artigos apontaram o alvo: Lula, "líder populista e corrupto de esquerda". É o tom usado por Ciro Gomes, que se esforça para ser adotado pela turma endinheirada da Faria Lima — patrocinadora da terceira via. E tudo indica que o nome escolhido para a missão do "nem, nem" é o de João Doria — um tipo almofadinha que usa roupas bem ajustadas e caras.

Nas ruas, sem os bons modos apresentados nos atapetados salões do Congresso ou na redoma de vidraças do Supremo, vale a força da mobilização popular, a capacidade de reunir gente, a bronca das palavras de ordem e também o imponderável. Ou seja, é um momento de medição de forças.

A extrema direita bolsonarista promete um dia de São Bartolomeu golpista no Sete de Setembro, a esquerda vai trupicando até o Anhangabaú na morna campanha pelo Fora Bolsonaro e a velha direita aposta em reanimar as suas forças no dia 12, alugando a tropa de choque-cheque da rapaziada do MBL.

Nos últimos meses, a supremacia nas ruas foi aquecida por uma disputa intermitente entre a esquerda, que abandonou o fique em casa no final de maio, e o bolsonarismo — com cores cada vez mais neofascistas. Agora, chega um novo ator, a velha direita neoliberal, comandada pelo PSDB.

O calendário eleitoral de 2022 é um fator de pressão sobre os atores políticos que partem para uma disputa em todos os terrenos — nas ruas, imprensa, redes e nas instituições parlamentares e tribunais.

O país afunda com aplicação da agenda da boiada neoliberal — executada pelo governo Bolsonaro e apoiada pelos partidos da velha direita neoliberal —, ambos blocos políticos são os responsáveis pela crise sem precedentes, que jogou milhões de brasileiros no desemprego, na fome, no descaso na pandemia e penúria.

Uma saída política pela esquerda da crise somente virá da mobilização popular, sobretudo da população trabalhadora. A nova jornada do 7S será mais um momento de combate da frente única pelo Fora Bolsonaro e contra as tramas urdidas pela velha direita.

(29 de agosto de 2021)

PT E LULA: É HORA DE DERROTAR O GOLPISMO DE BOLSONARO NAS RUAS!

Nos últimos dias, o presidente Jair Bolsonaro tem ampliado a virulência de seus ataques contra as anêmicas instituições da República —- em particular contra o Supremo Tribunal Federal [STF]. As reações das instituições são fracas e até uma reunião do fórum de governadores, na segunda-feira (23), apelou para um inócuo e improvável diálogo com o genocida que ocupa o Palácio do Planalto.

Os apelos autoritários do presidente assumiram uma tonalidade mais agressiva com um duplo objetivo: mobilizar a base favorável ao governo e intimidar as autoridades da República e a oposição. O movimento de Bolsonaro pressiona ao máximo o combalido sistema institucional e busca projetar uma imagem de força, agrupando os seus seguidores para ações mais contundentes de assédio político.

As provocações criminosas de Bolsonaro são inúmeras e cada vez mais graves: Ele promove uma verdadeira insurgência nas tropas de PMs em diversos estados, também intensificou a agitação na baixa oficialidade do Exército e reforçou o barulho nas redes sociais. Entre as camadas populares, o bolsonarismo mobiliza a base evangélica — a principal base social militante a favor do presidente —, além da chamada "família militar" e hordas de milicianos dos CACs, grupos de caminhoneiros, agroboys e de academias de maromba. Eles são milhões e estão organizados em diversas redes de tipo vertical e permanente.

É um erro grave acreditar na possibilidade de uma política de apaziguamento com Bolsonaro. É um erro mais grave ainda confiar na higidez do calendário eleitoral, é quase um harakiri político antecipado

— faltam 16 meses, é tempo demais para o governo de extrema direita realizar um estrago de enormes proporções na fragilizada institucionalidade do país.

Portanto, é prematuro e arriscado apostar todas as fichas apenas na disputa eleitoral. A travessia até lá vai exigir mais luta, mais unidade dos verdadeiros democratas, mais vigilância da esquerda partidária e social.

O governo Bolsonaro joga contra o tempo, mas o tempo político só será favorável para uma saída progressista da atual crise — política, institucional, econômica e sanitária —, se a esquerda jogar de forma mais ativa e com os melhores times em campo. A tática de jogar parado, na retranca, pode levar para uma derrota na rodada final do campeonato.

Neste sentido, é indispensável o papel de liderança do ex-presidente Lula e do Partido dos Trabalhadores (PT) na coordenação de esforços para levantar uma potente agenda de manifestações de rua antigolpista. O único meio e o método eficaz para derrotar a intentona de Bolsonaro e, no futuro próximo, assegurar o respeito aos resultados eleitorais de 2022, no caso de um triunfo popular.

É a hora de convocar uma forte resistência nas ruas para o dia 7 de setembro — principalmente em São Paulo, Rio de Janeiro e Brasília, capitais em que o neofascismo bolsonarista pretende exibir uma grande demonstração de forças.

Uma jornada nacional no 7 de setembro pelo Fora Bolsonaro e em defesa das liberdades democráticas, mobilizando as entidades da sociedade civil, os movimentos sociais e, sobretudo, a população trabalhadora.

(25 de agosto de 2021)

BOLSONARO BRIGA PARA GANHAR TEMPO E SOBREVIVER ATÉ 2022

O presidente Jair Bolsonaro enfrenta um inimigo oculto, irrecusável: o tempo. Ele precisa atravessar os próximos meses, sem acumular mais perdas, e garantir, pelo menos, o apoio sólido de sua base mais fiel, que oscila em torno de 25% do eleitorado, segundo as diversas sondagens eleitorais.

Nas últimas semanas, o esforço político de Bolsonaro tem como eixo principal um ataque concentrado contra as instituições da República — desgastadas e erráticas -, o Supremo Tribunal Federal [STF], o Tribunal Superior Eleitoral [TSE] e, de vez em quando, o próprio Congresso Nacional, onde ele assegurou um número suficiente de parlamentares para segurar qualquer tentativa de impeachment — uma apólice de seguro que tem custado caro para as finanças públicas.

O fogo de barragem promovido pelas tropas virtuais do bolsonarismo opera na direção de manter a chama acesa, aquecendo o debate político contra os ministros do Supremo, governadores e dos senadores que pilotam a CPI da Covid. O mantra para mobilizar a base bolsonarista continua o mesmo: O presidente quer governar, "mas eles não deixam". O truque ainda funciona, apesar de demonstrar sinais de fadiga.

Os apelos golpistas do presidente assumiram uma tonalidade mais agressiva durante a última semana com um duplo objetivo: mobilizar a base favorável ao governo e intimidar as autoridades da República. Vai que cola transformar o Sete de Setembro numa espécie de dia-noite de *São Bartolomeu*, exterminando o que resta das frágeis garantias democráticas — combalidas após o golpe de 2016 contra a presidenta Dilma Rousseff e pela nefasta Operação Lava Jato.

A guerra na superestrutura política e institucional funciona ainda como uma imensa cortina de fumaça para esconder a catástrofe em curso no país. Enquanto os podres poderes se esbarram, a pandemia mata, o desemprego cresce, a fome avança e a boiada no Congresso segue privatizando e cortando direitos sociais. Uma agenda programada de genocídio social e de recolonização neoliberal do Brasil —, que conta com o apoio em bloco do andar de cima.

Se é verdade que Jair Bolsonaro é o epicentro da crise, e personifica a própria dinâmica da crise. Também é verdade que as oposições de direita e de esquerda, por motivos diferentes, não travam um combate decisivo para derrubá-lo agora. A primeira, por ter acordo e ganhar muito dinheiro com a execução da agenda do ministro Paulo Guedes. A segunda, por confiar na política de desgaste continuado de Bolsonaro e aguardar o calendário eleitoral.

A opção de Bolsonaro é clara: pressionado pelas crescentes dificuldades, ele procura ganhar tempo na espera de dias melhores na economia, com a redução dos efeitos da crise sanitária. Além disso, o governo da extrema direita projeta algumas medidas tópicas para agradar setores da população mais pobre, como um novo programa derivado do Bolsa Família.

Uma saída democrática e progressista da crise, que supere a corrida contra o tempo de Bolsonaro e da suposta terceira via, demanda a continuidade e a ampliação da mobilização popular. Afinal, diz o bordão de uma música de protesto muito cantada pela geração 68: Quem sabe faz a hora, não espera acontecer.

(22 de agosto de 2021)

A QUIMERA DA 3ª VIA E O RELATÓRIO ELEITOREIRO DO SANTANDER

O Banco Santander, um dos maiores conglomerados financeiros beneficiados pela política econômica criminosa e excludente de Bolsonaro-Guedes, divulgou nesta semana um relatório em que sugere uma nova interdição política do ex-presidente Lula. O documento, de viés eleitoreiro, recomenda abertamente uma medida golpista para evitar a candidatura do líder petista em 2022.

O texto do economista Victor Candido faz uma avaliação do cenário político e alerta para a necessidade de impedir um possível retorno de Lula à presidência da República. O afoito assessor do banco de origem espanhola escreveu: "Se o sistema político e judicial, se o establishment político brasileiro acha cômico o governo Bolsonaro, o retorno de Lula e seus aliados representa uma ameaça bem mais séria. Hoje, Lira é o presidente da Câmara, mas sob um governo do PT, seria um modesto aliado abrigado em um cargo menor".

"Em suma, ninguém apoiará um golpe em favor de Bolsonaro, mas é possível especular sobre um golpe para evitar o retorno de Lula. Ele era inelegível até outro dia, por exemplo, pode voltar a sê-lo", propõe o economista.

O relatório foi distribuído para empresários, operadores do mercado financeiro, diretores e clientes da instituição. A diretoria do Santander negou a responsabilidade pela formulação do documento e informou que o texto "não reflete a visão do banco".

Não é a primeira vez que o Santander encomenda e divulga um relatório para empresários e clientes sobre cenários políticos e eleitorais

— em particular contra candidatos presidenciais petistas. Em julho de 2014, o banco apresentou um relatório afirmando que a reeleição da presidenta Dilma Rousseff resultaria em graves riscos para a economia.

A atual manifestação eleitoreira do banco reflete a opinião majoritária da plutocracia e da burguesia nacional, que controla a maior fatia do PIB, que acumularam mais renda e riqueza com a execução da política neoliberal do governo bolsonarista. O apelo do economista do Santander contra a candidatura de Lula repete a mesma preocupação do manifesto dos banqueiros sediados na Faria Lima — difundido na semana passada com o pretexto de defender o atual sistema de votação por urnas eletrônicas.

A maior contradição do "andar de cima" segue sendo a disjuntiva entre a total adesão à política econômica do governo e o crescente desconforto em relação aos impulsos autoritários de Bolsonaro contra as desgastadas instituições da República, como o STF e o Tribunal Superior Eleitoral [TSE] — alvos prioritários dos ataques do presidente no momento.

O relatório revela o verdadeiro sentimento dos endinheirados sobre o temor de um novo rumo para o país na contramão da agenda de Paulo Guedes e o esforço no sentido de encontrar o candidato "nem, nem", defendido em editoriais dos jornalões a serviço da velha direita.

Apesar do discurso belicoso e golpista, Bolsonaro tem entregado, com zelo, o cardápio das privatizações e da boiada no Congresso, que degrada as condições de vida da maioria do povo trabalhador.

A tentativa de criação de uma terceira via, cada vez mais, nos remete para uma imagem da mitologia grega: a *Quimera* — um monstrengo retratado por um corpo formado pela cabeça de um leão, um tronco de cabra e o rabo de um dragão — uma figura apavorante e híbrida.

A chamada terceira via é um monstrengo político que pretende derrotar Lula para manter um bolsonarismo sem Bolsonaro. É um projeto de continuidade da recolonização neoliberal do país.

(14 de agosto de 2021)

POVO NA RUA PARA DERROTAR INTENTONA GOLPISTA DE BOLSONARO

O presidente Jair Bolsonaro continua apostando no quanto pior, melhor — pra ele, no caso: A decisão de realizar um desfile de tanques e de carros de combate nas cercanias da Praça dos Três Poderes tem um significado político claro e inequívoco. Na área estão localizados o Palácio do Planalto, sede do Poder Executivo, o Supremo Tribunal Federal {STF] e o Congresso Nacional, sede do parlamento brasileiro.

A opinião de diversos analistas políticos aponta para um mais ato de provocação, é verdade — principalmente com a possibilidade de uma desmoralizante derrota da pantomima bolsonarista do voto impresso no plenário da Câmara dos Deputados nesta terça-feira [10].

No entanto, o atual ato de provocação do governo da extrema direita é diferente de todos os anteriores — que já foram graves e perturbadores. Dessa vez, Bolsonaro envolveu diretamente os comandantes militares das Forças Armadas. Os militares participam, conjuntamente, da provocação — uma aberta intimidação às instituições e aos opositores, sem precedentes, após o fim do regime militar em 1985.

O que pretendem Bolsonaro e os militares com o desfile de tanques e blindados nas ruas da capital do país? Somente intimidar os congressistas ou uma demonstração da unidade governo-FFAA? Ou ir mais adiante, preparando o terreno para uma investida maior. Ou como dizem os próprios militares: implementar ações de aproximações sucessivas e estrategicamente planejadas.

A reação das desgastadas instituições da República foi mais uma vez tíbia e omissa diante da "tanqueata" bolsonarista. Dias Toffoli, ministro do STF, com a covardia de sempre, empurrou a decisão do julgamento da ilegalidade do desfile de comboio militar para o Superior Tribunal de Justiça [STJ]. A ação foi protocolada pelo PSOL e a Rede — uma típica atitude parlamentar adotada em caso de normalidade democrática, portanto precária para o momento. Nada além disso — e nem assim o ministro do STF teve a coragem de tomar uma decisão.

Por sua vez, a velha direita neoliberal — seus partidos e lideranças — hegemônicos no Congresso continuam com a nefasta política de "contenção" de Bolsonaro e não usam a força das instituições que controlam para apeá-lo da presidência. Afinal, a boiada neoliberal é um ótimo negócio. Até porque a vocação golpista é parte integrante do DNA da velha direita — foi o golpe contra a presidente Dilma Rousseff, em 2016, que abriu caminho para a chegada de Bolsonaro ao governo.

Só o povo na causa, ou melhor, na rua

A nota dos nove partidos da oposição — PT, PSB, PCdoB, PDT, PT, REDE, PSOL, PSTU, Solidariedade e UP — foi fraca, tímida, e não convocou para uma urgente mobilização popular contra a provocação à lá general *Kornilov* do governo bolsonarista. Um sinal de fraqueza. É o momento de a oposição de esquerda subir o tom e deixar de lado o reboquismo e as ilusões com os podres poderes.

A provocação golpista de Bolsonaro e do comando das Forças Armadas é gravíssima e exige uma pronta resposta da esquerda e do conjunto das forças democráticas da sociedade. É a hora de convocar uma resistência ativa nas ruas para barrar o *tour de force* da extrema direita. Uma grande jornada nacional em defesa das liberdades democráticas, mobilizando as entidades da sociedade civil, os movimentos sociais e, sobretudo, a população trabalhadora.

Não há atalhos e não há uma varinha mágica para derrotar o governo Bolsonaro e seus impulsos autoritários. Em particular para o PT e a "Campanha Fora" resta o árduo caminho da resistência ativa e de massas, sustentada a partir das bases sociais dos trabalhadores e do povo mais pobre, os mais afetados pela política genocida e de exclusão social.

A nota na íntegra dos partidos:

Partidos repudiam tentativa de constrangimento ao Congresso Nacional e ao povo

Um comunicado oficial do Ministério da Marinha anunciou a realização de um desfile de blindados, acompanhado de sobrevoos pela Esplanada, em Brasília, nesta terça-feira, tendo como destino o Palácio do Planalto.

O motivo alegado é marcar a entrega a Bolsonaro e ao ministro Walter Braga Netto (Defesa) de um convite para que as autoridades acompanhem um tradicional exercício da Marinha previsto para 16 de agosto, em Formosa (GO).

Em meio às sucessivas declarações golpistas de Bolsonaro, e da votação do projeto do "voto impresso" nesta mesma terça-feira, com previsão de derrota, o desfile é uma clara tentativa de constrangimento ao Congresso Nacional.

Estranhamente, e diferente das edições anteriores, é a primeira vez que o convite é feito com um ostensivo e desnecessário desfile de blindados militares, injustificável e reprovável por várias razões de interesse sanitário público.

Neste momento em que o Brasil acumula a trágica marca de quase 600 mil mortes, não tem sentido expor pessoas, inclusive os militares, promover aglomeração e gastar recursos públicos com tal atividade.

É inaceitável, ainda, que as Forças Armadas permitam que sua imagem seja exposta desta maneira, usada para sugerir o uso de força em apoio à proposta antidemocrática e de caráter golpista, defendida pelo presidente da República.

O Brasil ainda está em guerra contra o coronavírus, embate agravado pela variante Delta, pelo desemprego e pela fome, o que exige de toda a sociedade compromisso com a defesa dos verdadeiros interesses dos brasileiros.

O povo não quer ver desfile de tanques de guerra, quer vacina no braço, respeito à democracia e instituições e governantes que trabalhem para gerar empregos e para acabar com a fome no país.

Brasília, 10 de agosto de 2021

O QUASE "CHURRASQUINHO" DE BORBA GATO E A LATA DO LIXO DA HISTÓRIA

Em meados dos anos 80, trabalhei por alguns meses em um escritório da Sabesp — companhia de saneamento de São Paulo — que ficava na Avenida Santo Amaro, bem próximo da gigantesca estátua do símbolo bandeirante paulista, Manuel Borba Gato — uma geringonça feiosa e falaciosa.

O monumento, que expressa uma ideologia de dominação, nunca me agradou. E todos sabem que tipo de "serviço civilizatório" foi prestado por Borba Gato e seus homens: saques, massacres, violações de índias e índios pelo interior do país, repressão e a captura de negros, ações de pilhagem de ouro e de pedras preciosas em áreas de mineração, entre outras barbaridades. É um fato documentado pela história, apesar de uma certa visão patrioteira defender algum papel positivo no celerado personagem.

As remoções e as derrubadas organizadas de estátuas e monumentos de reis, ditadores, generais, almirantes, brigadeiros, mercadores de escravos, navegadores a serviço de potências coloniais em diversos países, recoloca o debate acerca da necessidade de uma abrangente revisão histórica dessas homenagens. É um movimento global que foi impulsionado pela onda antirracista desatada a partir do assassinato do negro George Floyd — ocorrido em 2020 na cidade de Minneapolis [EUA].

A revisão criteriosa das homenagens aos entes históricos e de seus monumentos — estátuas, obeliscos, mausoléus, ruas, edificações, placas — é uma necessidade do tempo presente. Cada período histórico é comandado por determinadas classes dominantes, que vencem e impõem uma narrativa aos dominados e derrotados. Portanto, uma visão predominante, de conjunto, sobre a história, a cultura, os costumes e a ideologia.

A ação de movimentos sociais e de segmentos da população questionando as homenagens é positiva, é parte integrante da luta pela hegemonia na sociedade. É a roda da história caminhando — e às vezes capotando. "Nada é permanente, exceto a mudança", já disse Heráclito por volta de 540 a.C.

A ação dos ativistas do grupo Revolução Periférica, que tentou incinerar a estátua de Borba Gato no sábado, provocou um aceso debate nas redes sociais no fim de semana. Até o bolsonarismo buscou tirar uma lasquinha das cinzas para chamuscar a esquerda. É do jogo. Teve também alucinados que atacaram a rapaziada incendiária como agentes de uma pretensa guerra híbrida contra o Brasil.

A pergunta que fica: "A estátua de Borba Gato deve permanecer imponente e desafiadora em seu pedestal ou ser removida para a 'lata do lixo' da História?".

(25 de julho de 2021)

UM GOVERNO DE COABITAÇÃO DO "TOMA LÁ, DÁ CÁ" ENTRE BOLSONARO, GENERAIS E O CENTRÃO

Nada como um dia após o outro para mostrar a verdadeira face política do presidente Jair Bolsonaro aos que se deixaram enganar pela pregação moralista de ocasião empregada por ele durante a campanha eleitoral de 2018. Evidente, que tiro dessa conta os núcleos militantes do bolsonarismo e o "partido militar", envolvido em bilionárias falcatruas nos escaninhos ministeriais de Brasília.

Segundo Bolsonaro, em entrevista concedida à rádio Banda B, nesta quinta-feira (22), ele se define como um político profissional do Centrão. "O Centrão é um nome pejorativo. Eu sou do Centrão. Eu fui do PP metade do meu tempo. Fui do PTB. Fui do então PFL. [...] O tal Centrão são alguns partidos que lá atrás se uniram na campanha do Alckmin. Algo pejorativo. Não tem nada a ver. Eu nasci de lá", afirmou.

Bolsonaro é um dos frutos podres da farsa da Lava Jato. Após o golpe de 2016, que degolou o mandato da ex-presidenta Dilma Rousseff, ganhou impulso no país a campanha de demonização e criminalização do PT e da política, criando o caldo de cultura para emergência da extrema direita bolsonarista, montada no cavalo de troia do combate à corrupção.

A farsesca campanha anticorrupção do então candidato presidencial Jair Bolsonaro catalisou e agrupou o eleitorado de classe média, principal segmento envenenado pelo ódio contra o Partido dos Trabalhadores, esvaziando a campanha da velha direita representada por Geraldo Alckmin [PSDB].

O fenômeno político da onda bolsonarista só foi possível graças ao trabalho de sapa da operação Lava Jato. Ou seja, a praga política do bolsonarismo, primo tropical do neofascismo, foi nutrida pela engrenagem movida nos diversos escalões do Ministério Público Federal e das estruturas do Poder Judiciário, açambarcadas pela visão classista do lavajatismo — que operava um arbitrário sistema de justiça, com acentuada prática punitivista e autoritária.

No quadro de histeria golpista provocada pela Lava Jato, que armou a condenação e prisão de Lula sem crime para tirá-lo da disputa presidencial, Bolsonaro cavalgou na demagogia antissistêmica contra a "velha política" e o indecifrável presidencialismo de coalizão — eufemismo para o velho toma lá, dá cá —, inaugurado pelo presidente José Sarney durante a transição pactuada com a moribunda ditadura militar.

Bolsonaro monta governo de coabitação do toma lá, dá cá

Sob desgaste político crescente e sem resposta para debelar a crise econômica e social, agravada pela gestão criminosa da pandemia causada pela Covid-19, o governo Bolsonaro recorreu ao bloco parlamentar do Centrão — em troca da blindagem para não correr o risco de *impeachment* — e liberou mais ainda a prática do velho toma lá, dá cá. Um vale tudo de fisiologismo: Liberação de recursos para os parlamentares do grupo, entrega de cargos em ministérios e empresas estatais e a criação de uma espécie de governo de coabitação entre Bolsonaro, os generais e o Centrão.

O bloco parlamentar do Centrão, um ajuntamento de diversos partidos no Congresso, ganhou mais musculatura política no interior do governo bolsonarista, reduzindo o espaço dos generais. Bolsonaro teve que ceder a estratégica Casa Civil para o senador Ciro Nogueira [PP-PI].

Com isso, o PP, principal partido do Centrão, amarra Bolsonaro que depende, cada vez mais, da trinca pepista: Nogueira na Casa Civil,

Arthur Lira [PP-AL] na presidência da Câmara dos Deputados e do enrolado Ricardo Barros [PP-PR] na liderança do governo.

Todo o esforço de Bolsonaro busca assegurar a coabitação do "toma lá, dá cá" e sobreviver até 2022, aplicando as medidas a favor do grande capital nacional e estrangeiro contra o povo trabalhador, ou seja, passando a boiada neoliberal das privatizações e da retirada de direitos, com a providencial ajuda da turma da terceira via — integrada pelos partidos da velha direita neoliberal [PSDB, MDB, DEM, Novo e de setores do PDT].

Uma saída política progressiva da crise somente virá da mobilização popular. É um erro político grave cultivar ilusões de que a maioria do atual Congresso — sob o comando de Lira e Pacheco — que sustenta o governo, sob tutela militar, votará o impeachment de Bolsonaro. Não há nada mais urgente para deter a destruição da nação do que derrubar o governo Bolsonaro, responsável pela volta da fome, do desemprego e do genocídio de quase 500 mil brasileiros pelo coronavírus.

A nova jornada de mobilização do 24J será mais um momento do combate da frente única de esquerda e dos movimentos sociais para acumulação de forças na luta pelo fim do governo de Bolsonaro e dos generais golpistas — e para barrar as manobras políticas urdidas pela velha direita, como a proposta de semiparlamentarismo. Um expediente feito sob medida para a possibilidade de uma vitória do ex-presidente Lula nas eleições presidenciais de 2022.

(22 de julho de 2021)

CORRUPÇÃO E NEGACIONISMO: QUADRILHA VERDE OLIVA APARELHOU O MINISTÉRIO DA SAÚDE

O governo do presidente Jair Bolsonaro militarizou o Ministério da Saúde, com a escolha de um integrante do alto escalão do Exército, o general Eduardo Pazuello. A lenda difundida pela caserna dizia que Pazuello era um "especialista" em logística.

Em Manaus, o general não conseguiu evitar o prolongamento de um desastre sanitário de grandes proporções, contribuindo para a morte de centenas de pessoas durante a avassaladora onda de contágio na capital amazonense. Pazuello foi um fracasso retumbante — e potencialmente criminoso.

O então titular da pasta da Saúde, além da conhecida incompetência, operava uma verdadeira usina de cambalachos, favorecendo a ação de rapina de atravessadores, empresas de fachada e de empresários sedentos por negócios bilionários, com a oportunidade aberta pela aquisição de vacinas para o combate à pandemia.

Ao mesmo tempo, com a providencial ajuda da quadrilha verde oliva, já aboletada no ministério, o governo Bolsonaro propagava o enganoso tratamento precoce para a Covid, com a adoção de um "kit Covid", que fez encher os bolsos de empresas fornecedoras de cloroquina, ivermectina e de outros fármacos.

O próprio Exército produziu cloroquina em larga escala. Enquanto isso, avançava o número de mortes em todo o país. Uma combinação macabra entre negacionismo e operações nebulosas, para dizer o mínimo, em torno das demandas por mais recursos geradas pela pandemia.

Os trabalhos da Comissão Parlamentar de Inquérito [CPI da Covid] do Senado revelam fortes indícios da montagem de um vasto esquema de superfaturamento nos diversos processos de encomendas de vacinas que tramitam no Ministério da Saúde.

As tenebrosas transações ocorreram durante o período em que o ministério foi comandado pelo general Pazuello e por um grupo de coronéis localizados em cargos estratégicos da pasta.

Pazuello na mira da CPI em agosto

Um vídeo divulgado na sexta-feira (16) pelo jornal *Folha de S.Paulo*, material obtido pela CPI da Covid, mostra Pazuello em reunião com um grupo de empresários para tratar da compra de 30 milhões de doses da CoronaVac — cada dose custaria US$ 28, praticamente o dobro do custo da dose contratada pelo governo federal junto ao Instituto Butantan.

Eduardo Pazuello negou o conteúdo de reportagem da *Folha* sobre uma suposta negociação com intermediários para a compra de doses da vacina contra CoronaVac.

"Enquanto estive como ministro da Saúde, em momento algum negociei aquisição de vacinas com empresários", disse Pazuello em nota.

A *Folha* revelou também a existência de cópia de uma minuta de contrato entre o ministério e uma empresa de comércio exterior de Santa Catarina, a World Brands, especializada em importações de produtos diversos, incluindo itens médicos. No documento a World Brands Distribuidora S.A se diz representante da Sinovac Biotech Ltd. no Brasil.

Ou seja, a nova denúncia aponta claramente para o envolvimento de Pazuello na corrida macabra pela compra de vacinas, com preços exorbitantes e operadas por intermediários de procedências duvidosas — picaretas que pululam em torno do orçamento bilionário da pasta da Saúde.

Davati, Words Brands, Senah [ong religiosa] e oficiais do Exército Brasileiro tecem em conjunto uma trama eivada de operações escusas e ilegais, o que facilitou a prática de atos continuados de prevaricação das autoridades fardadas no interior do ministério.

Até o moderado e titubeante Omar Aziz (PSD-AM), presidente da CPI, constatou que "o Brasil não via membros do lado podre das Forças Armadas envolvidos com falcatrua dentro do governo". Uma declaração que provocou uma nota conjunta dos comandantes das três forças militares e do ministro da Defesa, Braga Netto, contendo ameaças aos integrantes da Comissão Parlamentar de Inquérito da Covid-19.

O presidente Jair Bolsonaro e os comandantes das Forças Armadas pretendem assegurar a impunidade total para os crimes cometidos pelos militares, que aparelharam o ministério.

O governo bolsonarista quer fugir das responsabilidades criminais com o avanço das apurações pela CPI, que liga, cada vez mais, os fios entre a negligência do enfrentamento à pandemia e a montagem de um perverso esquema de propinas na compra dos imunizantes e de insumos.

Conclusão: a corrupção também veste a farda verde oliva. E precisa ser punida com todo rigor da lei.

(18 de julho de 2022)

BOLSONARO E OS COMANDANTES MILITARES TESTAM OS NERVOS SENSITIVOS DAS INSTITUIÇÕES DO PAÍS

O fato político mais relevante da semana foi o pronunciamento unificado dos comandantes militares e do ministro da Defesa bolsonarista, general Braga Netto, ameaçando os trabalhos da Comissão Parlamentar de Inquérito [CPI da Covid] em curso no Senado.

O rompante ameaçador dos comandantes das três armas seguiu o mesmo tom da fala do presidente Jair Bolsonaro, demonstrando uma unidade de propósitos entre o ocupante do Palácio do Planalto e as Forças Armadas.

O pronunciamento conjunto da caserna trata de inibir as investigações que envolvem os militares de diversas patentes, até de um cabo, com as nebulosas operações de compras de vacinas contra a Covid-19 pelo Ministério da Saúde — que, na prática, foi militarizado pelo general Eduardo Pazuello, dirigente da pasta durante o período de maior crescimento do número de mortes pela pandemia no país.

Na verdade, o presidente Jair Bolsonaro e os comandantes militares testam os limites das instituições da República, que atravessam um processo de intenso desgaste diante da população. Supremo Tribunal Federal (STF), Congresso Nacional e o Ministério Público Federal (MPF) favoreceram as condições para o golpe de 2016 contra a presidenta Dilma Rousseff — o que abriu caminho para o surgimento de um governo autoritário com tinturas neofascistas.

Bolsonaro e os comandantes das Forças Armadas pretendem assegurar a total impunidade para os crimes cometidos por militares na desastrosa gestão da pandemia. O governo bolsonarista quer fugir das responsabilidades criminais com o avanço das apurações pela CPI, que liga, cada vez mais, os fios entre a negligência do enfrentamento à pandemia e a montagem de um perverso esquema de propinas na compra de vacinas e de insumos.

O velho recurso dos comandantes militares de bradar em nome de uma pretensa vocação de defesa dos valores superiores da nação, apenas revela uma história de golpes e quarteladas — e de intervenções abusivas na cena política do país.

As Forças Armadas [FFAA] atuam, desde o surgimento da República, como um braço político defensor dos interesses das classes dominantes e das próprias corporações militares, uma espécie de casta incrustada no estado nacional, com um sistema de justiça próprio, aposentadorias especiais, rede hospitalar exclusiva e o manejo de verbas bilionárias para projetos e a compra de armamentos.

Na transição acordada da ditadura para a democracia liberal de teto baixo — consagrada na Constituição de 1988 — as FFAA, além de garantirem a impunidade para os crimes cometidos durante os governos militares, buscaram uma interpretação particular sobre o artigo 142, estabelecendo uma legitimação da tutela militar permanente na vida institucional do país — um monstrengo constitucional, que foi agravado com emprego do dispositivo da Garantia da Lei da Ordem (GLO), recurso autoritário a serviço da repressão aberta contra a população.

Bolsonaro e o "partido militar" estão tensionando o cenário político também como uma resposta ao crescente isolamento político do governo da extrema direita. A provocação, com um claro sentido golpista e de intimidação, ocorre no momento da retomada das mobilizações populares da Campanha Fora Bolsonaro e das inúmeras pesquisas eleitorais que indicam um amplo favoritismo do ex-presidente Lula na corrida eleitoral de 2022.

Infestadas pelo bolsonarismo e o lavajatismo, a reação das instituições da República foi muito aquém da imperiosa necessidade de conter os arroubos autoritários de Bolsonaro e de seus generais.

Neste sentido, a esquerda não pode alimentar ilusões sobre a eficácia de instituições apodrecidas para barrar os planos golpistas do governo da extrema direita — em aliança com setores das PM estaduais e de milicianos. Deve, sim, apostar prioritariamente na agenda de mobilização do povo.

Somente o fortalecimento da frente única da esquerda e dos movimentos populares pode abrir uma nova relação de forças na sociedade, no bojo de uma poderosa onda de protesto e rebelião popular, esmagando os planos autoritários de Bolsonaro e da terceira via da velha direita neoliberal.

(10 de julho de 2021)

BLACK BLOCS BOLSONARISTAS E PM INFILTRADA: MUITO CUIDADO COM ELES NAS MANIFESTAÇÕES

É de se perguntar por onde andavam os chamados *black blocs* durante as manifestações populares ocorridas desde o golpe contra o mandato da presidenta de Dilma Rousseff em 2016? E lá se vão cinco anos e agora reaparece a turma, com as mesmas práticas de puro vandalismo e provocando a repressão aberta contra os atos.

Os episódios de depredação ocorridos na etapa final da manifestação "Fora Bolsonaro" em São Paulo, neste sábado (3), revelam que uma mão não tão invisível balança, ou melhor, financia a ação dos *black blocs*. As cenas mostram uma espécie de coreografia ajustada dos bolsoblocs com a tropa de choque da PM paulista, um ninho robusto de bolsonaristas.

O roteiro é sempre o mesmo: A manifestação tem início e depois, geralmente na etapa final da manifestação, começa uma ação de quebradeira de vidraças de bancos, concessionárias de veículos, vitrines de lojas e a queima de sacos de lixo. Surge a tropa de choque e a pancadaria se generaliza, dispersando os manifestantes e a população ao redor.

Foi assim o *modus operandi* contra as manifestações promovidas pelo Movimento Passe Livre (MPL) em 2013, gerando um fator que contribuiu para esvaziar o movimento reivindicativo e abrir o caminho para a captura dos atos pela extrema direita verde-amarela.

A tropa de choque da PM e os *black blocs* parecem realizar uma competição pela violência. É difícil acreditar que o comando da PM não tenha uma atuação preventiva e de inteligência para evitar a ação deletéria dos chamados *black blocs*, que agem como legitimadores das ações repressivas — numa tentativa de desmoralização dos objetivos da campanha pelo Fora Bolsonaro.

A ação dos *black blocs* bolsonaristas teve um impacto reduzido no andamento da exitosa e massiva manifestação de São Paulo, mas forneceu combustível para a campanha contra as jornadas pelo Fora Bolsonaro, que ganha mais adesão e apoio popular a cada ato. O próprio presidente genocida espalhou imagens sobre o episódio nas redes sociais, tentando carimbar as manifestações como ações de violência e terrorismo promovidos pelos partidos de esquerda e os movimentos sociais.

A ação dos bolsoblocs e de setores da PM infiltrados pelo bolsonarismo é uma questão que precisa ser tratada com atenção pela frente única da campanha Fora Bolsonaro neste momento de retomada das ruas pela esquerda. Trata-se da adoção de medidas práticas que evitem novos episódios de provocação e as tentativas de descaracterização do movimento.

As manifestações crescem a cada rodada e estão encurralando o governo de Bolsonaro e dos generais, deslocando o cenário político na direção do protagonismo da esquerda, contribuindo também para isolar a velha direita neoliberal, que tenta de forma desesperada encontrar uma terceira via e garantir a continuidade da agenda de recolonização neoliberal do país — sem a truculência e os maus bofes do bolsonarismo.

Portanto, como diziam os mais antigos, todo cuidado é pouco. Afinal, nas ruas não há regimento interno — e nem mesa diretora.

(5 de julho de 2021)

UMA NOVA ASSEMBLEIA NACIONAL CONSTITUINTE PARA RECONSTRUIR O BRASIL

A retomada das mobilizações populares, impulsionada por uma frente única prática dos partidos de esquerda e dos movimentos sociais, demanda a construção de uma pauta para além do enfrentamento imediato ao governo bolsonarista — em fase de crescente desgaste popular e paulatina decomposição política.

A tese da convocação de uma nova Assembleia Nacional Constituinte [exclusiva] — no bojo de uma vitória das forças de esquerda e populares — é um debate que precisa ser feito de forma clara e mobilizadora, demarcando com os blocos das direitas — bolsonarista e a velha direita neoliberal — que preferem manter um ectoplasma chamado de Constituição, mutilada por sucessivas medidas desregulamentadoras e antissociais dos governos neoliberais de Temer e Bolsonaro.

O golpe de 2016 contra o mandato da presidenta Dilma Rousseff rasgou os dispositivos elementares do estado de direito liberal consagrados na Carta de 1988. O processo foi aprofundado durante a vigência da operação jurídica-policial da Lava Jato e com a vitória eleitoral da extrema-direita nas eleições de 2018, pleito marcado por ações golpistas e Lula proscrito da disputa eleitoral e aprisionado —, o que facilitou o caminho para a vitória de Jair Bolsonaro.

Aliás, a "Constituição Cidadã" teve desde o início diversos artigos e dispositivos não regulamentados, principalmente o capítulo referente aos direitos sociais. Portanto, a atual Constituição nem foi regulamentada em seus dispositivos de maior interesse popular e foi rasgada continuadamente para assegurar, sem travas, a execução do projeto de recolonização neoliberal do país.

Neste sentido, é fundamental na agenda da esquerda e das forças populares a inclusão do tema da convocação de uma nova Assembleia Nacional Constituinte. A questão ainda divide o campo democrático e popular.

A bandeira de luta pela convocação de uma nova Constituinte enfrenta uma encarniçada resistência das classes dominantes e do conjunto dos partidos conservadores da velha direita neoliberal. Por sua vez, o bolsonarismo atua violando abertamente as atuais regras constitucionais, via medidas de governo e PECs que ferem os dispositivos da moribunda carta constitucional aprovada em 1988.

O debate sobre a necessidade da convocação de uma nova Constituinte surgiu no período das confusas manifestações de junho de 2013 e uma proposta chegou a ser apresentada no fim do primeiro governo da presidente Dilma Rousseff, que foi rechaçada de forma veemente pela então base governista no Congresso Nacional.

A crise de conjunto que corrói as atuais instituições do estado nacional é um dos sintomas do apodrecimento do atual sistema político do país, que trava as reformas estruturais exigidas para a construção de um estado verdadeiramente democrático, soberano e inclusivo das maiorias, rompendo com a atual forma oligárquica de controle do poder — e tutelada pelas Forças Armadas.

A luta em defesa da convocação de uma nova Constituinte é também um dos pontos programáticos fundamentais para assegurar uma saída pela esquerda da encruzilhada histórica em que o Brasil foi jogado por suas classes dominantes. É uma bandeira que precisa ser levantada pela classe trabalhadora e os demais setores oprimidos da população, abrindo o caminho para aproximar os interesses imediatos com um projeto de sociedade que assegure a mais ampla democracia social, liberdade política para os trabalhadores, igualdade entre homens e mulheres, o fim do racismo e todas as formas de discriminação.

Portanto, no atual processo de retomada das mobilizações populares, o debate sobre uma nova Constituição precisa ganhar aderência, força e apoio popular.

(26 de junho de 2021)

"FORA BOLSONARO GENOCIDA" É O GRITO DO BRASIL DE LUTA E DE LUTO APÓS O REGISTRO DE 500 MIL MORTES

As ruas do país novamente deram um recado claro: Fora Bolsonaro genocida! Neste sábado (19), os protestos populares foram marcados pela indignação e por uma triste cifra de mais de 500 mil brasileiros mortos pela Covid-19. O resultado de uma política negacionista e de descaso do governo federal no combate à pandemia.

O governo de Bolsonaro e dos generais é o responsável político e administrativo pela crise da pandemia que sufoca o país, da ausência de um plano vacinal unificado nacionalmente e da ação criminosa na recomendação de medicamentos sem eficácia para combater o coronavírus, como vem revelando a apuração da CPI da Covid no Senado.

A ideologia negacionista do governo da extrema direita provocou e ampliou o contágio da Covid-19 entre a população, com a tese criminosa da "imunidade de rebanho". A nefasta pregação em defesa da tese negacionista significou, na prática, a falta de contratação de leitos, de um maior investimento no SUS, no atraso da compra de vacinas para aplacar o contágio e das inegáveis repercussões na economia, gerando o aumento das falências e do desemprego. Bolsonaro provocou o genocídio das pessoas físicas e da economia real -, principalmente dos pequenos negócios.

Bolsonaro é o coveiro do Brasil

A retomada das ruas pelos brasileiros de norte a sul do país é um ato de legítima defesa contra um presidente genocida, que insiste em negar a pandemia, que se recusa em adotar as medidas de maior isolamento social, que reduziu drasticamente o auxílio emergencial dos trabalhadores precarizados e que continua recomendando o abandono do uso das máscaras, uma medida protetiva básica e de baixo custo — comprovadamente eficaz.

A emergência das mobilizações populares é um fator-chave que pode acelerar a decomposição do governo de Bolsonaro e dos generais, que afundou o país na miséria, no genocídio da Covid-19, na pobreza e no desemprego de milhões. A pressão organizada nas ruas pode criar as condições políticas para enterrar o governo da extrema direita, abreviando o sofrimento da população trabalhadora.

A frente única da esquerda e dos movimentos sociais apontam que o caminho foi aberto: Agora é seguir uma agenda permanente e unificada de mobilizações, acumulando forças por uma saída popular e de esquerda da crise, isolando ao mesmo tempo o acordão por cima da "terceira via" [o novo nome da frente ampla] e as maquinações golpistas de Bolsonaro.

A jornada do 19J foi vitoriosa: A Campanha Nacional da Frente Única Fora Bolsonaro estimou a realização de mais de 450 atos em todo o Brasil e no exterior. Ao menos 21 estados e o Distrito Federal registraram manifestações, que mobilizaram mais de 1 milhão de brasileiros. Em cidades como São Paulo, Rio de Janeiro, Belo Horizonte, Porto Alegre, Curitiba, Salvador, Recife, Fortaleza, Belém, dentre outras, milhares de manifestantes bradavam pelo Fora Bolsonaro, por medidas emergenciais e contra as privatizações e o desmonte dos serviços públicos.

A luta segue também em memória dos mais de 500 mil brasileiros e brasileiras que perderam suas vidas.

(19 de junho de 2021)

FRENTE ÚNICA DA ESQUERDA NAS RUAS É O CAMINHO PARA DERROTAR BOLSONARO E OS GENERAIS

As numerosas manifestações ocorridas no dia 29 de maio apontaram para um período de retomada das mobilizações populares, o que superou as expectativas de diversos setores políticos no campo da esquerda. Segundo o balanço dos organizadores, os atos reuniram cerca de meio milhão de pessoas em mais de 200 cidades do país.

A frente única constituída para a convocação das manifestações foi um dado essencial que assegurou a realização da jornada de luta pelo Fora Bolsonaro, por vacinação e pela volta do auxílio emergencial de 600 reais. O fator principal do sucesso do 29M foi a adesão aos atos dos milhares de brasileiros revoltados com o governo da extrema direita, mesmo num período de forte incidência da pandemia de Covid-19. Ou seja, o 29M indicou uma clara tendência de retomada das ruas e revelou a disposição combativa de amplas camadas da população.

A emergência da luta popular é o fator que pode acelerar a decomposição do governo de Bolsonaro e dos generais, que afundou o país na miséria, na pobreza, no desemprego massivo e na marcha batida do genocídio de quase 500 mil brasileiros. Enquanto isso, passa no Congresso Nacional a "boiada" das privatizações, do desmonte ambiental e dos serviços públicos — demonstrando que a presença de Bolsonaro no governo é tão ou mais letal que o coronavírus.

A volta às ruas no Brasil segue o mesmo impulso das mobilizações em curso nos demais países da América Latina contra a devastação provocada pelo neoliberalismo: A rebeldia popular na Colômbia; o processo constituinte no Chile; a resistência na Bolívia e a vitória eleitoral de Pedro Castillo no Peru.

Um processo que segue o ritmo e a tradição de luta de cada povo, mas que rejeita em seu conjunto o modelo de exclusão social e da concentração oligárquica do poder nas mãos das frações burguesas financeirizadas e agroexportadoras — aliadas internas em cada país do imperialismo.

Unidade da esquerda em cima e embaixo

A largada das manifestações de rua contra o governo neoliberal e autoritário de Bolsonaro foi forjada pela ação combinada do ativismo da militância na base dos movimentos sociais e dos partidos de esquerda e da percepção de camadas de dirigentes políticos de que era o momento de superar o imobilismo da palavra de ordem de "fique em casa".

A unidade das organizações agrupadas nas frentes Brasil Popular, Povo Sem Medo e os partidos da oposição de esquerda — PT, PSOL, PCdoB, PCB, UP, PCO — garantiram o êxito da jornada de luta do 29M. Neste sentido, é necessário reforçar a unidade conquistada, preservar os fóruns e as plenárias unitárias em cada cidade, acumulando forças na construção de um bloco político e social de esquerda para disputar os rumos do país — aqui e agora.

A frente única abre o caminho para a derrota do governo de Bolsonaro e impulsiona uma saída pela esquerda da crise, isolando ao mesmo tempo os conciliadores da "frente ampla" e o divisionismo infantil de certos segmentos que apostam na imaginária superação do PT.

A frente única pelo Fora Bolsonaro deve atuar sem vetos e exclusivismos de qualquer tipo, respeitando as diferenças de cada organização e partido, criando mecanismos permanentes de consulta e avançando na direção de uma estrutura permanente de diálogo e concertação unitária — grupos operativos conjuntos, agenda e bandeiras de lutas unificadas.

A frente única da esquerda pelo Fora Bolsonaro é o instrumento decisivo para deter as maquinações golpistas do governo da extrema direita, que, cada vez mais, diante da rejeição crescente, tensiona com ameaças golpistas e instaurar um período termidoriano de perseguição e intimidação dos opositores. Além disso, Bolsonaro busca construir uma narrativa para fraudar as eleições de 2022, propondo um duplo sistema de votação com a adoção do chamado "voto impresso".

Portanto, nas ruas, com unidade, nenhum dia a mais ao governo genocida de Bolsonaro e dos generais. 19 de junho vai ser maior.

(13 de junho de 2021)

O DIABO VESTE FARDA DA PM

O país assiste nos últimos dias a uma verdadeira escalada de violência das Polícias Militares [PMs]. Ações de truculência e abuso de autoridade dominam a cena cotidiana. Trata-se de um comportamento autoritário e abusivo de uma força policial numerosa e presente em todo território nacional, auxiliar das Forças Armadas nacionais, segundo definição institucional.

A chegada do presidente Jair Bolsonaro ao governo fortaleceu o protagonismo das PMs, que atuam sem ordenamento dos governos estaduais e, cada vez mais, adotam uma prática repressiva, com a adesão crescente aos valores e ideias de extrema direita, de tipo fascistizante. Além disso, cresce a percepção em setores da população mais pobre e periférica da existência de uma parceria informal entre alguns policiais militares e os grupos milicianos — muitos integrados por ex-membros das forças de segurança.

Durante a semana assistimos a prisão arbitrária de um dirigente do PT de Goiás, o professor Arquidones Brites [secretário de movimentos populares da legenda], conduzido de forma violenta para uma delegacia por colocar uma faixa escrita com os dizeres "Fora

Bolsonaro Genocida" sobre o capô do seu carro. Brites estava presente na manifestação 29M. Um policial furioso brandia artigos em nome da famigerada Lei de Segurança Nacional.

Os policiais militares tentaram enquadrá-lo no artigo 26 da Lei de Segurança Nacional, que prevê pena de um a quatro anos de reclusão pelo crime de calúnia ou difamação dos presidentes da República, do Senado Federal, da Câmara dos Deputados e do Supremo Tribunal

Federal (STF). A detenção do militante pela PM foi completamente fora da lei, arbitrária.

No sábado passado (29), em Recife, o *show* de horrores foi protagonizado pela tropa da PM que reprimiu com muita violência a manifestação pelo "Fora Bolsonaro" no centro da capital pernambucana. A PM disparou balas de borracha que atingiram os olhos de um manifestante e de um morador que passava no local, ambos ficaram cegos de um dos olhos. A vereadora Liana Cirne Lins (PT) também foi atacada covardemente com spray de pimenta nos olhos quando tentou interceder pelo fim da repressão contra os manifestantes.

E na tarde desta sexta-feira (4), o vereador do PT em Curitiba, Renato Freitas, foi vítima de ação truculenta da Polícia Militar enquanto jogava basquete e ouvia música com amigos em uma praça pública na região central da cidade. O parlamentar petista, que é negro, foi detido pela PM e encaminhado ao Batalhão da Polícia Militar. A truculência da PM com o vereador foi filmada e postada nas redes sociais de advogados e ativistas pelos direitos humanos.

Deter a escalada repressiva das PMs

As descontroladas ações repressivas de policiais militares revelam o preocupante avanço do bolsonarismo no interior das PMs, que atuam com uma assombrosa sensação de impunidade. Nos últimos meses, as PMs têm operado com uma maior desenvoltura na repressão contra militantes e ativistas políticos.

Surge das entranhas do governo bolsonarista uma espécie de sistema policial de conjunto mais repressiva, em aliança com a milícia paramilitar, uma modalidade que vem sendo instituída na prática no país — e que opera a sua legitimação institucional via o aparelhamento político das forças de segurança, contempladas também por diversos tipos de estímulos oficiais do presidente Jair Bolsonaro.

Uma ação governamental autoritária e demagógica que fomenta a violência e a criminalização da pobreza para obter o apoio político de setores mais reacionários e conservadores da sociedade.

A questão da segurança pública é complexa, de difícil resolução, e tem uma relação direta com a própria natureza do regime capitalista, gerador de exclusão estrutural e concentração de riqueza -, mas a esquerda precisa enfrentar o tema com coragem, propor medidas e disputar politicamente com a narrativa da extrema direita bolsonarista.

Temas como a defesa intransigente dos direitos humanos, a reforma urgente do sistema penal, a reforma e o desarmamento das PMs, o fim da política de encarceramento em massa, uma ampla descriminalização das drogas, o combate duro aos bandos milicianos, mais investimentos sociais nas comunidades pobres e a reformulação da doutrina das forças de segurança são alguns dos desafios para a construção de uma política de segurança pública nacionalmente estruturada, humanista e integral.

(4 de junho de 2021)

VOTO IMPRESSO É A NOVA VERSÃO DA "MAMADEIRA DE PIROCA" PARA 2022

A campanha do presidente Jair Bolsonaro pela adoção do chamado voto impresso, é mais um elemento da estratégia golpista da extrema direita. O objetivo é claro: criar as condições políticas para uma ação de natureza antidemocrática, semeando um quadro de desconfiança entre a população sobre o processo eleitoral que se aproxima.

A campanha visa engrossar uma futura narrativa golpista e deslegitimadora do resultado eleitoral de 2022. O questionamento de Bolsonaro sobre o nosso sistema de urnas eletrônicas, no mínimo, cheira mal. É uma armação golpista — e não pretende nenhum tipo de aperfeiçoamento no sistema de votação.

O registro do voto por urnas eletrônicas no Brasil já alcançou 25 anos de existência, assegurando, com efetividade, mais segurança e confiabilidade nos resultados. Até hoje, não foi verificada nenhuma fraude e mesmo possíveis falhas operacionais de monta num país de extensão continental e com um sistema eleitoral complexo.

O voto eletrônico é uma referência positiva do país e uma inegável conquista democrática que precisa, evidentemente, de mais aperfeiçoamento e o aumento continuado do protagonismo dos partidos políticos na elaboração dos protocolos tecnológicos, garantindo critérios de transparência e renovadas medidas de segurança das urnas.

Golpismo e judicialização

Quando o bolsonarismo se apresenta acuado e sofre desgaste, com o país beirando meio milhão de mortos pela Covid-19 e os protestos populares transbordando para as ruas, presta um desserviço quem defende, até com boa intenção, o projeto pilotado pela parlamentar bolsonarista Bia Kicis (PSL-DF) na Câmara dos Deputados. Defender o voto impresso é lançar uma boia de salvação providencial para o discurso da tropa de choque de Bolsonaro, que vem perdendo fôlego político nas ruas e nas redes sociais.

A tentativa bolsonarista de implantar o voto impresso abre caminho para a quebra do sigilo do voto e o mais danoso, na prática, cria uma "segunda urna" para armazenar os comprovantes de votação -, o que pode se tornar um prato cheio para a judicialização dos resultados. A proposta bolsonarista é uma armadilha perigosa e não agrega medidas efetivas para uma maior segurança do sistema. Além da dualidade propiciada por uma "segunda urna", possibilita em caso de resultado apertado uma recontagem manual. "É cilada", como diz um samba popular.

Mecanismos de auditagem do voto

O Tribunal Superior Eleitoral (TSE) anunciou a promoção de uma campanha institucional em defesa do voto eletrônico. A campanha vai apresentar os mecanismos de auditagens e os controles existentes. As etapas e os percursos do voto eletrônico: Da "zerésima" ao boletim de urna com a impressão do total de votos na seção, a checagem no final da votação — conferindo a coincidência entre o número de eleitores e os votos registrados nas urnas.

Há também o registro digital do voto (RDV), um mecanismo que assegura a checagem da urna eletrônica sem violação do sigilo do voto. É uma recontagem automatizada de todos os votos realizada com softwares particulares. O mecanismo pode ser acionado pelos partidos políticos.

O presidente Bolsonaro pretende tumultuar o processo eleitoral de 2022, como fez o ex-presidente Donald Trump nos Estados Unidos [que até patrocinou uma tentativa golpista de invasão do Capitólio]. É, novamente, a conhecida aposta do neofascismo bolsonarista de criar teorias da conspiração para facilitar uma prática política golpista, espalhando *fake news* sobre as urnas eletrônicas. É uma versão renovada e eleitoreira da "mamadeira de piroca", dessa vez o objeto do fetiche bolsonarista é a urna eletrônica.

Os partidos de esquerda e progressistas precisam combater e derrotar o nefasto projeto impulsionado por Bolsonaro na Câmara dos Deputados.

(31 de maio de 2021)

EFEITO BOLSONARO: CARESTIA ELIMINA CARNE DO PRATO DO BRASILEIRO

No Dia das Mães, em um dia ensolarado em Brasília, o presidente Jair Bolsonaro aproveitou para reunir um grupo de amigos, até aí nada demais. A surpresa daquele dia não foi uma nenhuma declaração bombástica ou provocadora de Bolsonaro, o que chamou a atenção foi a ostentação do presidente que degustou uma macia e suculenta peça de picanha de gado importado do Japão ao preço de R$ 1.800 o quilo — o corte da raça Wagyu é uma iguaria para poucos, pouquíssimos.

Enquanto isso, a maioria da população brasileira viu a carne bovina, uma proteína tão apreciada no país, desaparecer do seu prato, assolada por uma inflação galopante, um desemprego recorde e uma pandemia causou a morte de quase 450 mil pessoas.

Ou seja, uma crise econômica e sanitária que penaliza severamente a imensa maioria da população, principalmente da classe trabalhadora. O gesto esnobe e boçal do presidente foi revelador do seu desprezo pelas agruras do povo.

Levantamento da Companhia Nacional de Abastecimento (Conab) aponta que o consumo de carne atingiu o seu menor nível em 25 anos. Só nos primeiros quatro meses do ano, o consumo *per capita* de carne bovina caiu mais de 4% em relação a 2020, informa o órgão governamental.

Segundo dados da Conab, hoje, cada brasileiro consome 26,4 quilos desta proteína ao ano, queda de quase 14% em relação a 2019, quando ainda não havia crise sanitária. Este é o menor nível desde 1996, início da série histórica da Conab.

A volta da inflação é mais um dos efeitos da política econômica desastrosa de Bolsonaro, que fez a opção de atrelar os preços dos produtos nacionais aos preços internacionais das commodities, elevando os custos das carnes, grãos e combustíveis no mercado interno. Além disso, a desvalorização do real reforçou a política do agronegócio de surfar na alta demanda internacional por alimentos, obtendo fabulosas margens de lucros no mercado externo.

Neste sentido, os preços dos produtos que integram a cesta básica do brasileiro ficaram mais caros. Segundo a última pesquisa feita pelo IBGE, o preço das carnes em geral subiu 35% no país nos 12 meses até o mês de abril.

Com o preço proibitivo da carne, os brasileiros optaram pelo consumo de frangos, suínos e ovos — o campeão de consumo das famílias nesta temporada de alta inflacionária. No entanto, isso não significou nenhum alívio para a bolsa do povo. O mesmo levantamento do IBGE constata uma disparada nos preços das carnes de frango e porco. Em 12 meses, a carne de porco acumula alta de 29,88%. O frango inteiro e frango em pedaços acumulam altas de 13,38% e 14,62%, respectivamente. Já o ovo de galinha subiu 5,27% neste período.

O surto de carestia é apenas uma das faces do problema. O mais grave é a volta da fome e do fenômeno da insegurança alimentar cotidiana, que afeta mais de 120 milhões de brasileiros — mais da metade da população. Um crime premeditado pela ganância capitalista contra o povo, num país que produz milhões de toneladas de safras de grãos e possui rebanho suficiente para garantir com fartura a alimentação de todos os brasileiros.

O governo Bolsonaro, serviçal do agronegócio e dos especuladores financeiros, não tem nenhum compromisso no enfrentamento da questão da fome e da inflação de alimentos. Ao contrário, a política econômica bolsonarista é a responsável direta por tudo isso. Com Bolsonaro no governo, é mais carestia, fome e prato vazio na mesa.

Ao lado do combate pelo fim do governo Bolsonaro, é urgente a demanda por políticas imediatas como o tabelamento dos produtos da cesta básica, o congelamento das tarifas de gás, água e energia elétrica, a distribuição pelos governos de cestas básicas para as famílias em situação de fome, a volta do auxílio emergencial de R$ 600 e medidas para ampliar o financiamento da agricultura familiar.

(22 de maio de 2021)

HORA E VEZ DO RONCO DAS RUAS PARA PÔR FIM AO GOVERNO GENOCIDA DE BOLSONARO

As manifestações dos moradores do Jacarezinho no Rio e os atos dos movimentos contra o racismo na quinta-feira (13) indicam que uma retomada das ruas começa a ganhar impulso entre as lideranças dos movimentos sociais e de setores do ativismo de esquerda. Semanas antes, os atos de 1º de maio, apesar de poucos numerosos, apontaram o potencial combativo e a disposição de luta de vastos setores da militância de esquerda.

O crescente desgaste e isolamento do governo Bolsonaro, ao lado do avanço da pandemia de Covid-19, pressionam no sentido de uma maior reação popular para deter a escalada do genocídio, da fome e do desemprego que atingem milhões de brasileiros.

O presidente Bolsonaro sofre, paulatinamente, um processo de erosão política, com novos fatos acentuando as dificuldades políticas do governo da extrema direita: A redução brutal do auxílio emergencial, a falta de vacinas e a sensação de descaso com o morticínio pela pandemia, cada vez mais, evidenciado pelo trabalho da CPI da Covid no Senado.

A pandemia só revelou, mais ainda, a face dura e cruel do neoliberalismo de Bolsonaro e Guedes, que transformou a vida cotidiana do trabalhador numa verdadeira roleta russa: ameaçado pela Covid e a fome, e sem políticas públicas que incentivem, de fato, o confinamento social com remuneração, garantia do emprego e uma assistência sanitária enquanto durar a pandemia de Covid-19.

A política sintetizada na palavra de ordem "fique em casa" não corresponde aos anseios e às exigências do momento, a diretriz é incapaz de enfrentar a demagogia discursiva do governo bolsonarista, que se apresenta como um defensor da "economia e dos empregos". O que dialoga diretamente com o senso comum e desesperado de amplos contingentes das massas de milhões de desempregados e dos arruinados proprietários de pequenos negócios.

Na esquerda começa a surgir mais vozes demandando uma volta às ruas para enfrentar de forma mais decidida o governo bolsonarista. O presidente do PSOL Juliano Medeiros defendeu a necessidade da mobilização de rua neste momento. "Chegamos ao limite. A voz das ruas é o que falta para mudar a situação política no país. A *tempestade perfeita* está prestes a se formar. Mas para que isso aconteça o elemento popular precisa entrar em cena, demonstrando toda a sua indignação com a matança em curso no país.

Podemos vencer, se não tivermos medo de ousar", afirmou em artigo nesta semana.

O passo mais importante na direção de enterrar definitivamente a política do "fique em casa" foi dado na 3ª Plenária Nacional de Organização das Lutas Populares, impulsionada pelas Frentes Brasil Popular e Povo Sem Medo, entre outras entidades. A reunião aprovou um calendário inicial de lutas contra a privatização dos Correios no dia 16, um ato em Brasília por reivindicações como a volta do auxílio emergencial de R$ 600, chamado pela CUT no próximo dia 26, e um dia nacional de lutas.

O fator Lula também reforça o ânimo da militância dos movimentos sociais e da base petista que enxergam no ex-presidente uma alternativa concreta para derrotar o bolsonarismo em 2022. A polarização entre Bolsonaro e Lula é um dos traços marcantes da conjuntura. Segundo as diversas pesquisas e sondagens, o ex-presidente ganha de Bolsonaro em todos os cenários simulados.

A retomada das mobilizações pode desempenhar um papel decisivo na luta pelo Fora Bolsonaro e para deter o desmonte do país, abrindo uma perspectiva de uma saída pela esquerda da profunda crise econômica, social e sanitária em curso.

É hora e vez do ronco das ruas para canalizar a indignação crescente contra a política genocida de Bolsonaro.

(16 de maio de 2021)

CHACINA DO JACAREZINHO: CRIMINALIZAÇÃO DA POBREZA É A POLÍTICA DE SEGURANÇA DO GOVERNO BOLSONARO

A escalada genocida comandada pelo governo Bolsonaro contra o povo pobre que habita as favelas e bairros nas periferias das regiões metropolitanas do país provocou a morte de quase 30 pessoas na última quinta-feira (6), na comunidade do Jacarezinho, no Rio de Janeiro.

Além das ações policiais truculentas em todo o país em nome do combate ao tráfico de drogas, as comunidades pobres são também as mais afetadas pelo descaso e o negacionismo do governo Bolsonaro diante da pandemia de Covid-19. É um ciclo de mortes que se cruzam: As vítimas fatais da violência policial e os milhares de mortos pela pandemia.

O continuado ciclo de mortes que atinge a população pobre, preta — e seletivamente localizada — é uma marca dos governos autoritários. Vale lembrar ainda a chacina de Paraisópolis, zona sul paulistana, ocorrida em dezembro de 2019, que segue sem punição para o comando da PM, protegido pelo governo de João Doria (PSDB).

A chegada da extrema direita ao governo federal impulsionou a política de criminalização da pobreza e do extermínio em nome de um pretenso combate à criminalidade.

O que ocorreu no Jacarezinho é um exemplo nefasto dessa política. A chacina foi comandada por policiais civis, uma expedição punitiva que executou dezenas de seres humanos de forma ilegal e criminosa. Até o momento, a Polícia Civil é incapaz de identificar os mortos, o que pode ser um sério indício de que a maioria dos executados não tem relação alguma com o narcotráfico.

A ação criminosa dos policiais foi um desafio aberto ao próprio Supremo Tribunal Federal (STF), que proibiu operações armadas das forças de segurança durante a pandemia nas comunidades cariocas. O caso demanda uma investigação rigorosa e com a participação de entidades da sociedade civil, medida indispensável para conter o corporativismo policial e a proteção aos autores da chacina.

A "política de abate" conduzida pelo atual governador carioca, a mesma de Wilson Witzel do "tiro na cabecinha", tem a marca da seletividade geográfica: as operações policiais que resultaram em mortes, nos últimos meses, foram realizadas em comunidades pobres, que contam com a atuação de narcotraficantes. Nas áreas sob controle das milícias, o verdadeiro e milionário crime organizado hoje no Rio, nenhuma morte ocorreu em decorrência de operações de cerco e aniquilamento da PM e das demais forças de segurança.

No discurso ao grande público, o governo da extrema direita promete mais acesso ao armamento individual para a classe média, a repressão do Bope e das milícias para os pobres e a segurança especializada, privada, para os mais ricos e privilegiados — ilhados em seus exclusivos condomínios de luxo e refinados resorts urbanos.

Um sistema policial repressivo, em aliança com a milícia paramilitar, é o modelo que vem sendo instituído na prática no país — e que opera a sua legitimação institucional com o aparelhamento político das forças de segurança pelo bolsonarismo e os estímulos oficiais do presidente Jair Bolsonaro. Uma ação governamental autoritária e demagógica que fomenta a violência contra a pobreza para obter o apoio político de setores mais reacionários e conservadores da sociedade.

A questão da segurança pública é complexa, de difícil resolução, e tem uma relação direta com a própria natureza do regime capitalista, gerador de exclusão estrutural e concentração de riqueza, mas a esquerda precisa enfrentar o tema com coragem, propor medidas e disputar politicamente com a narrativa da extrema direita bolsonarista.

Temas como a defesa intransigente dos direitos humanos, a reforma urgente do sistema penal, o fim da política de encarceramento em massa, a ampla descriminalização de todas as drogas, o combate duro aos bandos milicianos, mais investimentos sociais nas comunidades pobres e a reformulação da doutrina das forças de segurança são alguns dos desafios para a construção de uma política de segurança pública nacionalmente estruturada, humanista e integral.

(8 de maio de 2021)

VOLTAR ÀS RUAS PARA LIVRAR O PAÍS DO GOVERNO GENOCIDA DE BOLSONARO

O 1º de maio de 2021 marcou o início de uma retomada das ruas por setores da esquerda e dos movimentos sociais. Um movimento gerado a partir da militância de base e impulsionado por correntes políticas atuantes no interior do Partido dos Trabalhadores (PT), e de legendas como o Partido da Causa Operária (PCO), Unidade Popular pelo Socialismo (UP) e por sindicatos, alguns cutistas, movimentos populares de moradia, saúde e reforma agrária — com destaque para a Frente Nacional de Lutas do Campo e da Cidade, liderado por José Rainha.

Ainda não foi uma retomada mais numerosa, massiva, mas apontou, claramente, o potencial combativo e a disposição de luta de vastos setores da militância de esquerda. Apesar da ausência das direções dos partidos de esquerda, principalmente do PT, — e da CUT — as manifestações aconteceram em todo o país, com as bandeiras unitárias de luta pelo Fora Bolsonaro, por emprego, vacinação para todos, auxílio emergencial de R$ 600, mais verbas para o SUS, distribuição de comida pelos governos, entre outras reivindicações. Também serviram de um contraponto político aos atos organizados pelos grupos neofascistas de apoio ao governo Bolsonaro.

Neste 1º de maio, a direção do Partido dos Trabalhadores mergulhou na "Campanha PT Solidário" de arrecadação e distribuição de cestas básicas e produtos de higiene. Por sua vez, as cúpulas das centrais sindicais investiram, mais uma vez, em uma anódina e constrangedora *live* com a presença de políticos neoliberais e conservadores. Ambas ações revelam uma conduta política aquém das necessidades reais da população trabalhadora, golpeada duramente pela política neoliberal de Bolsonaro e dos capitalistas.

É preciso abrir um debate sério no interior da esquerda sobre a necessidade de ocupar as ruas novamente, com uma agenda de manifestações presenciais, seguindo os protocolos sanitários e de autoproteção individual e coletiva.

As direções dos partidos de esquerda e dos movimentos sociais não podem continuar adotando como um dogma intocável a palavra de ordem de "fique em casa". Essa política é equivocada no momento, incapaz de contribuir para uma saída positiva da crise sanitária, econômica e social em curso, que já ceifou a vida de mais de 400 mil brasileiros e brasileiras. Uma política que acaba favorecendo o discurso criminoso do governo bolsonarista de "defesa da economia e dos empregos", o que dialoga diretamente com o senso comum e desesperado de amplos contingentes das massas de milhões de desempregados e esfomeados.

A pandemia só revelou, mais ainda, a face dura e cruel do neoliberalismo, que transformou a vida cotidiana do trabalhador numa verdadeira roleta russa: ameaçado pela doença, pelo desemprego e a fome, e sem políticas públicas que incentivem, de fato, o confinamento social com remuneração, garantia do emprego e uma assistência sanitária enquanto durar a pandemia de Covid-19.

Vale lembrar o papel decisivo das manifestações de massas lideradas pelo Black Lives Matter e por sindicatos de base da AFL-CIO, em particular dos professores e profissionais da saúde, na derrocada política e eleitoral do negacionista Donald Trump, em 2020, ainda no auge da pandemia nos Estados Unidos.

Na América Latina, a esquerda e os movimentos populares também ganharam as ruas para lutar pela convocação da Constituinte no Chile e pela derrubada do governo golpista na Bolívia em 2020. Neste momento, na Colômbia, acontecem vigorosas jornadas de lutas nas principais cidades do país contra o governo de extrema-direita e em El Salvador manifestações de rua de caráter semi-insurrecional sacodem a pequena nação centroamericana.

O neoliberalismo fracassou novamente neste pedaço do mundo — e a pandemia agravou as mazelas das políticas continuadas de ajustes regressivos e de cortes orçamentários brutais nos investimentos sociais implementados por governos de direita na região.

É hora de organizar uma agenda de retomada das ruas para canalizar a indignação e o rancor crescente contra a política genocida de Bolsonaro.

(2 de maio de 2021)

1º DE MAIO DE 1981 E O ATENTADO DA EXTREMA DIREITA MILITAR AO SHOW DO RIOCENTRO

Hoje, 30 de abril, faz 40 anos do atentado organizado por militares de extrema direita — integrantes do Doi-Codi — contra o show do 1º de maio, que acontecia no Centro de Convenções do Riocentro, na Barra da Tijuca. O espetáculo organizado por artistas, sindicatos, personalidade de esquerda e pelo Centro Brasil Democrático — entidade com influência do antigo PCB [Partido Comunista Brasileiro] —, reunia mais de 15 mil pessoas.

O evento contava com apoio e a participação da nata da Música Popular Brasileira, astros como Chico Buarque, Gal Costa, Clara Nunes, João Bosco, Alceu Valença, Simone, Fagner, Djavan, Elba Ramalho, Joana e grupos de grande sucesso na época como o MPB4, a Cor do Som e as Frenéticas, entre outros.

Naquela fatídica noite, por volta de 21 horas, um automóvel Puma foi plantado no estacionamento do Riocentro. Dentro do veículo estavam o sargento do Exército Guilherme Pereira do Rosário, de 35 anos, o agente "Wagner", do Destacamento de Operações de Informações-Centro de Operações de Defesa Interna — conhecido pela sigla de Doi-Codi no organograma do Exército Brasileiro —, e o capitão Wilson Luís Chaves Machado, de 33 anos.

O pavoroso atentado, que poderia provocar a morte de milhares de pessoas, fracassou: as bombas que deveriam explodir na casa de força e no estacionamento do Riocentro não foram acionadas. Antes do tempo, dentro do Puma, uma bomba explodiu no colo do sargento do Rosário, que morreu no ato. O capitão Wilson acabou gravemente ferido, ficando com as vísceras expostas, em estado grave.

Anos depois, veio a público a informação de que, dentro do pavilhão, dez dos 14 portões estavam fechados, o que impediria a saída das pessoas, caso uma bomba explodisse lá dentro. Também havia sido programada uma explosão no setor de energia elétrica, para deixar o Riocentro às escuras, segundo apuração conduzida pelo jornal O Globo.

O plano macabro dos militares contava com quatro equipes de agentes do órgãos de repressão. Ao todo, estavam envolvidos quinze militares distribuídos em seis carros. A primeira equipe foi justamente a que falhou e deveria instalar três bombas no pavilhão. A segunda equipe, responsável por explodir a estação de eletricidade, também falhou, pois a bomba errou o alvo e não possuía força suficiente para gerar o dano desejado. A terceira e a quarta equipe estavam fora do pavilhão e seriam responsáveis por forjar evidências de que militantes de esquerda teriam sido os responsáveis pelas explosões. Para isso, prenderiam pessoas aleatoriamente e picharam muros da redondeza com a sigla do extinto grupo de guerrilha urbana VPR — Vanguarda Popular Revolucionária. Panfletos da suposta VPR foram jogados nas imediações do Riocentro. Também enviariam notas aos jornais assumindo a autoria do atentado em nome do "Comando Delta", organização de fachada criada pelo Doi-Codi

O atentado contou com o suporte político e operacional do general Newton Cruz, que foi chefe do Serviço Nacional de Informação [SNI], e do coronel Nilton de Albuquerque Cerqueira, então secretário de Segurança no Rio de Janeiro, que afastou horas antes a PM do local.

A ação terrorista foi uma das últimas tentativas da extrema direita militar de brecar o processo de abertura em curso e intimidar a esquerda. Ao longo daquele ano, ainda ocorreram atentados contra sedes de entidades democráticas, contra sedes de jornais de esquerda e banca de jornais.

O Exército encobriu o crime e fez uma apuração fantasiosa e farsesca do caso. O capitão Wilson foi promovido e protegido pela hierarquia militar, tornando-se "professor" de História num colégio militar em Brasília.

A lembrança do atentado nos remete, inevitavelmente, para o papel desempenhado hoje pelos militares no governo da extrema direita de Jair Bolsonaro, são os herdeiros do porão fascista que apoiam e participam do mesmo. O bolsonarismo é uma herança nefasta da ditadura militar, mais especificamente do porão, da linhagem de assassinos e psicopatas como o coronel Carlos Alberto Brilhante Ustra, referência de militar do genocida que ocupa o cargo de presidente da República.

Ditadura nunca mais! Bolsonaro, nenhum dia a mais!

(30 de abril de 2021)

LULA É UM ALVO PRIORITÁRIO DA AÇÃO CRIMINOSA DAS MILÍCIAS DIGITAIS

"É preciso estar atento e forte/ Não temos tempo de temer a morte/ Atenção para as janelas no alto/ Atenção ao pisar o asfalto, o mangue/ Atenção para o sangue sobre o chão/ Atenção...", abro o texto com o refrão da bela canção "Divino Maravilhoso", de Caetano Veloso, para discorrer sobre a criminosa *fake news* divulgada pela jornalista Leda Nagle de um suposto "plano" de Lula-STF para matar o presidente Jair Bolsonaro. O crime praticado pela jornalista foi um dos assuntos mais comentados durante a semana, com uma vasta repercussão na imprensa e nas mídias sociais.

A jornalista divulgou uma *fake news* postada no perfil do Twitter atribuído ao diretor-geral da Polícia Federal, Paulo Gustavo Maiurino. A Polícia Federal já denunciou a conta como falsa. Leda Nagle diz que repassou a informação em uma *live* de um grupo, no qual ela comenta as notícias políticas, e não houve tempo para conferir se a postagem era verdadeira ou não. Leda pediu desculpas na segunda-feira (19).

O episódio é revelador da verdadeira guerra suja em curso movida pelas milícias digitais da extrema direita bolsonarista. O ex-presidente Lula, com a recuperação de seus direitos políticos, passou a ser um alvo prioritário dos milicianos digitais. O que aponta para uma permanente guerra subterrânea e sem quartel estruturada pelo gabinete do ódio e de seus tentáculos nas redes sociais, principalmente tendo em vista o futuro embate eleitoral de 2022.

O padrão e a técnica de difusão das *fake news* parece seguir o mesmo roteiro de 2018: A milícia digital planta em alguma rede social a "notícia" através de um perfil falso ou em um sítio criado para esse fim e centenas de *bots* entram em ação para espalhar a mensagem.

O WhatsApp é o aplicativo mais utilizado para ação dos milicianos digitais. Diferente do Facebook, Instagram e YouTube, que são de interação pública, o WhatsApp é uma ferramenta de comunicação interpessoal, formada por redes de interesses profissionais, familiares, religiosos, grupos de vizinhos, torcedores de clubes, grupos de amigos, de afinidades políticas e culturais, entre outros. Ou seja, apresenta uma capilaridade e é utilizado com maior frequência no contato cotidiano, substituindo na maioria das vezes o telefone.

Foi assim que se espalhou rapidamente a célebre *fake news* da "mamadeira de piroca", uma invenção digital, entre outras, da campanha nas redes sociais do então candidato à presidência da República Jair Bolsonaro. A imagem circulou intensamente nas redes sociais [principalmente no WhatsApp] durante o segundo turno das eleições presidenciais de 2018, informando que, caso eleito, o então candidato Fernando Haddad (PT) faria a distribuição em massa pelas creches do país de mamadeiras em formato de pênis. O impacto da mentira foi muito forte entre as camadas populares vinculadas aos setores religiosos neopentecostais, reforçando um estigma contra Haddad, que não teve condições de rebater o violento desgaste eleitoral causado por essa *fake news*.

No momento, a atividade da milícia digital bolsonarista nas redes sociais tem quatro eixos principais de impulsionamentos: o primeiro é a defesa da política geral do governo; o segundo, a difusão de conteúdos digitais de caráter conspiratório — a suposta articulação do STF e dos políticos no Congresso para depor o presidente, a ação internacional de ONGs ambientais — e alarmistas, de denúncia dos efeitos das políticas de distanciamento social na pandemia; terceiro, a campanha em defesa de um pretenso tratamento precoce contra a Covid-19; e o quarto, em curso, busca a continuidade da campanha sistemática de desconstrução da imagem e do legado político do ex-presidente Lula. A tendência indica um incremento da campanha suja das milícias digitais contra Lula e o Partido dos Trabalhadores (PT) nos próximos meses.

As milícias digitais bolsonaristas reforçam, cada vez mais, o emprego de novas técnicas e ferramentas para esconder e proteger as suas atividades criminosas. Desde a utilização mais comum e corrente de matilhas de *bots* comandados remotamente por um centro único, grupos de hackers para invasão de páginas e perfis pessoais, o *deface* [uma espécie de pichação virtual], a ação em ampla escala de *phishing* [pescaria ou coleta ilegal de dados dos alvos selecionados] e as aplicações a partir da Deep Web e derivados, como a Dark Net acessada pelo navegador Tor. Um território explorado por diversos tipos de cibercriminosos: terroristas digitais, gangues de traficantes de drogas, páginas de pedofilia, páginas para a contratação de assassinos de aluguel, redes de tráfico de mulheres para escravidão sexual e de ações digitais de desestabilização de governos e empresas.

Portanto, é necessário organizar um enfrentamento político e tecnológico contra as milícias digitais e os cibercriminosos da extrema direita bolsonarista desde já. Além disso, evitar a improvisação no trabalho da esquerda, em especial do PT, nas redes sociais e no conjunto das mídias digitais, investindo mais recursos humanos e materiais nesta frente contemporânea de luta política, ideológica e cultural.

As últimas eleições presidenciais nos Estados Unidos demonstraram um intenso e áspero embate político no *front* das mídias e aplicativos digitais. Tudo indica que aqui não vai ser diferente. Lula e o PT vão vencer o lavajatismo, mas não existe um caminho suave até 2022. É preciso estar atento e forte!

(25 de abril de 2021)

POR UM 1º DE MAIO CLASSISTA PELO "FORA BOLSONARO" E EM DEFESA DA VIDA: POR VACINA, COMIDA E TRABALHO

O 1º de maio de 2021, Dia Internacional dos Trabalhadores, vai acontecer em meio ao genocídio de quase 400 mil brasileiros mortos pela Covid-19, a maioria da classe trabalhadora, resultado de uma política negacionista e criminosa do governo Bolsonaro.

O cenário é agravado por um desemprego recorde, a precarização de cerca de 60 milhões de trabalhadores e pela volta da fome, que ronda os lares de milhões de famílias trabalhadoras.

Diante de um quadro sanitário e social de tamanha gravidade e de uma crise política que se aprofunda, o momento exige uma resposta firme da direção sindical em defesa da vida e dos direitos da classe trabalhadora, com a realização de um 1º de maio pelo "Fora Bolsonaro" e da exigência por medidas imediatas de contenção do genocídio e da crise humanitária nos grandes centros do país: Com vacinação em massa, testagem nos locais de trabalho, estabilidade no emprego, auxílio emergencial de R$ 600 [enquanto perdurar a pandemia], congelamento de preços dos produtos da cesta básica, passe livre no transporte público e a distribuição direta de comida pelos governos aos desempregados e sem tetos.

Além disso, a CUT e demais centrais também devem reivindicar dos governos federal, estaduais e prefeituras mais investimentos na compra de vacinas, insumos hospitalares, aberturas de mais leitos de UTI e linhas de créditos para os micros e pequenos negócios.

Na rua, sem os patrões e os políticos neoliberais da "frente ampla" da Faria Lima

Os dirigentes das centrais sindicais — CUT, Força Sindical, UGT, CTB, Nova Central e CSB — decidiram novamente repetir a convocação de um ato pelas redes sociais, virtual. E o mais grave: Com a participação de políticos golpistas e neoliberais como o expresidente Fernando Henrique (PSDB), o governador João Doria (PSDB), Ciro Gomes (PDT), o deputado Rodrigo Maia (DEM) e Renan Calheiros (MDB). Um grave erro político, que apenas confunde e desmobiliza a resistência dos trabalhadores.

Uma conduta da burocracia sindical que revela aos olhos dos trabalhadores o quanto as direções das centrais sindicais estão distantes das reais demandas da classe. Nada justifica a participação no palanque virtual dos responsáveis pelo golpe antidemocrático contra a ex-presidente Dilma Rousseff, que completou cinco anos nesta semana, e dos apoiadores no Congresso das reformas neoliberais e regressivas de Bolsonaro e Paulo Guedes.

Ativistas sindicais de base, movimentos pela moradia e militantes petistas paulistanos estão impulsionando a convocação de um ato público de 1º de Maio nas escadarias do Teatro Municipal, região central de São Paulo.

Coletivos e militantes do PT em diversos estados organizam panfletagens e pequenas concentrações em corredores fabris, estações de trens e terminais de ônibus, demandando o fim do governo Bolsonaro e marcando a tradição combativa da data internacional de luta e solidariedade da classe trabalhadora.

A resistência dos trabalhadores sempre teve um ponto alto de afirmação no 1º de maio: Em 1968, durante a ditadura, os trabalhadores colocaram para correr da Praça da Sé o governador Abreu Sodré e os pelegos, que tentavam festejar a data. Em 1979, no estádio da Vila Euclides (São Bernardo) foi realizado um ato com participação de milhares de trabalhadores, de forte conotação política, empurrando o governo do general Figueiredo para as cordas. Em momentos duros da resistência no fim dos anos 60, os estádios proletários do São Cristóvão (zona fabril do Rio) e da Vila Maria Zélia (Belenzinho-SP) foram palcos das palavras de ordem de combate dos trabalhadores contra a ditadura e a exploração capitalista.

(17 de abril de 2021)

BOLSONARO GANHA TEMPO E APROFUNDA O CENÁRIO DE 'EQUILÍBRIO CATASTRÓFICO' NO PAÍS

A segunda (29) e a terça-feira (30) foram marcadas por uma intensa movimentação na conturbada e volátil conjuntura política. Teve de tudo: A conhecida e recorrente tensão pré-golpe que invade as redações, boatos de decretação de estado de sítio, de desmoronamento do governo Bolsonaro e ameaças de motins de PMs na Bahia e em outros estados. Muito ruído interferindo nas ondas curtas da cena política institucional, mas sem condições, por ora, de um desenlace decisivo da crise em curso. Todavia, os fios seguem desencapados e o risco de um choque de alta voltagem é real, possível.

Bolsonaro é o epicentro da crise

O governo do presidente Jair Bolsonaro é o epicentro da crise, personifica a própria dinâmica da crise. Bolsonaro, sobretudo, fez uma aposta na sua sobrevivência política, alternando ameaças autoritárias com ações explícitas de fisiologia política.

A opção de Bolsonaro é clara: diante do tamanho da crise, de múltiplo caráter — sanitária, institucional, econômica e social — ele se movimenta no sentido de garantir a continuidade de seu governo, afastando os riscos imediatos de um impeachment.

O autogolpe é um projeto sempre acalentado pelo núcleo duro do bolsonarismo — no momento, parcialmente, cancelado.

Centrão

O governo da extrema direita atravessa um crescente desgaste político e sem reunir forças para um autogolpe, aprofunda a relação com o bloco político do Centrão no Congresso, liderado pelo presidente da Câmara Arthur Lira (PP-AL). A mexida ministerial de segunda-feira visava, principalmente, atingir esse objetivo. A nomeação da deputada Flávia Arruda (PL-DF) foi o rito final dessa empreitada pela sobrevivência. Apesar de Bolsonaro agir de forma improvisada e tosca, é uma demonstração de realismo, de cálculo político.

A queda de Ernesto Araújo do Ministério das Relações Exteriores já estava precificada, era uma questão tempo, de ocasião. A oportunidade surgiu com o ataque vil de Araújo a senadora Kátia Abreu (PP-TO).

Tudo indica que Bolsonaro vai cultivar uma relação mais próxima do Centrão. O custo dessa relação será precificado a cada momento, com a oscilação permanente do valor da moeda de troca. E muita gente da classe média foi arrastada pelo discurso "boa noite cinderela" do bolsolavajatismo durante a campanha eleitoral de 2018, que vendeu o peixe podre do fim da prática do "toma lá, dá cá".

Apesar de ganhar sobrevida política, o casamento com o Centrão no Congresso abala no plano simbólico o discurso contra a velha política do bolsonarismo. É uma fraquejada na mística do bolsonarismo raiz, de se apresentar como uma corrente política antissistêmica.

Militares

A relação de Bolsonaro com as altas patentes militares é de "unidade e luta", ajustando e negociando, a cada momento, o consórcio iniciado ainda em 2016. Os militares foram uma das forças decisivas para golpear o governo Dilma Rousseff. Há diferenças de métodos de ação, de atuação política, mas as forças militares têm a mesma visão de mundo do bolsonarismo. No plano ideológico, compartilham da leitura reciclada do anticomunismo [marxismo cultural, globalismo, novos direitos civis] e ainda operam no modo da velha cartilha do inimigo interno — ou seja, o povo e a esquerda.

Além disso, Bolsonaro ainda goza de prestígio na média e baixa oficialidade. Pesa também o espaço conquistado na máquina estatal, a condução e o controle de grandes projetos no governo e o alinhamento com o imperialismo norte-americano.

Apesar do barulho com a demissão do general Fernando Azevedo do Ministério da Defesa — e o gesto demissionário dos comandantes militares, o comando das Forças Armadas [FFAA] e o governo bolsonarista tendem para uma fórmula acordada para a indicação do novo comandante do Exército, no entanto, segue um tortuoso cabo de guerra sobre o nome. Marinha e Aeronáutica apresentaram nomes de agrado do presidente.

É importante verificar ainda a intensidade, a adesão, e o alcance na caserna das comemorações do golpe militar de 1964, que ocorrerão nesta quarta-feira (31). Uma provocação política contra as forças democráticas e uma aberta afronta às instituições de estado, que se fingem de mortas.

Andar de cima, os donos do dinheiro

Chamou atenção o silêncio das entidades empresariais. Nada de nota, nem uma linha sobre os últimos acontecimentos políticos. O fato é revelador da conduta das classes dominantes brasileiras, que aparentam manifestar algum "nojinho" dos maus modos do governo bolsonarista, mas continuam apostando na agenda do pinochetista Paulo Guedes de "passar a boiada" das privatizações, do desmonte dos serviços públicos, do arrocho fiscal contra os pobres, do criminoso teto dos gastos e da desregulamentação ambiental.

Afinal, o balanço financeiro de 2020 revelou os lucros fabulosos acumulados pelos bancos, pelo agronegócio, pelos setores vinculados ao comércio exterior, os grandes atacadistas, madeireiros e dos vendedores de armas, do comércio de luxo, entre outros.

A "frente ampla da Faria Lima" que divulgou uma cartinha de economistas, serviçais de luxo de banqueiros, em pleno auge do ciclo infernal do morticínio pela Covid-19, defendendo a política econômica genocida de Guedes vai bem e enchendo os cofres mesmo no auge da pandemia.

O governo da extrema direita continua funcional para o andar de cima, que pretende ainda garantir mais fatias do butim, avançar no que resta de patrimônio estatal e bens públicos.

Bolsonaro carrega o mau hálito e o cheiro de sangue e fezes dos porões, mas os mais ricos e poderosos do Brasil usam perfumes tipo Acqua de Gio [Armani], Suprême [Carolina Herrera], Opium [YSL], fragrâncias exclusivas Paco-Rabanne, e não se importam com odores da carnificina neoliberal, que arrasta milhões para a fome e o desterro da miséria.

Portanto, o andar de cima não desembarcou de seu apoio ao governo bolsonarista, apesar de algum dissimulado mal-estar.

Estados Unidos e China

O governo de Joe Biden, apesar de sinalizar algum desconforto com Bolsonaro, vai atuar no sentido de estabelecer uma relação cooperativa. A tendência de retomada democrática em diversos países do continente empurra para o entendimento e parceria. Além disso, o governo norte-americano pode usar o governo da extrema direita para atrapalhar o avanço da China na América do Sul.

Por sua vez, a China, com profunda relação comercial com o Brasil, vai continuar atuando de forma pragmática. Apesar da turbulência política e até dos desaforos bolsonaristas, os chineses seguirão aplicando o tradicional método da sua treinada diplomacia de separar os negócios das contendas ideológicas. É uma experiência de décadas. O que valeu para o Chile de Pinochet, para os sanguinários generais de Mianmar, é o mesmo princípio que rege a relação com o governo bolsonarista.

Fator Lula e a saída pela esquerda

A entrada em cena de Lula, após decisão do ministro do STF Edson Fachin, que anula as condenações do ex-presidente operadas no âmbito da força-tarefa da Lava Jato de Curitiba, mexeu profundamente com as peças do tabuleiro político. De imediato, esvaziou os projetos de candidaturas no campo da oposição de esquerda e centro-esquerda. E na velha direita neoliberal, também, o que já provocou a desistência de Doria (PSDB) e do apresentador da Rede Globo, Luciano Huck. A direita neoliberal ainda procura um candidato para chamar de seu.

A polarização entre Bolsonaro e Lula é o traço marcante da conjuntura. Segundo diversas pesquisas e sondagens, o ex-presidente ganha de Bolsonaro em todos os cenários simulados. É o opositor com maior apelo entre os pobres para enfrentar o genocida. Lula ainda enfrenta armadilhas judiciais, que estão sendo desmontadas com a revelação dos crimes da Lava Jato, mas Bolsonaro já não corre sozinho na raia.

Uma tarefa decisiva é unir a esquerda, organizar uma agenda de mobilizações em defesa da vida, da vacinação em massa, pelo emprego e o auxílio emergencial aos desempregados e informais. Impulsionar uma vigorosa campanha pelo Fora Bolsonaro, convocando atos de rua pelo impeachment. Preparar um 1º de maio de luta, palanque sem a presença de políticos burgueses da "frente ampla" — com marchas e concentrações de rua.

Lula é a saída pela esquerda, a única que abre uma via democrática e popular para derrotar o autoritarismo e o neoliberalismo.

Equilíbrio catastrófico perdura

A situação política aprofunda uma espécie de "equilíbrio catastrófico", um conceito desenvolvido pelo teórico comunista Antonio Gramsci. No momento, Bolsonaro ainda não reuniu as condições para executar um golpe de força, esmagando a oposição de conjunto. Uma solução de tipo "cesarista" só seria possível com a arbitragem decisiva das Forças Armadas e dos donos do dinheiro no país. E também as forças de oposição à esquerda e à direita não reúnem as condições para derrotar o governo Bolsonaro — via *impeachment* ou por uma rebelião popular.

Todos os indicadores sanitários e econômicos tendem a piorar nas próximas semanas, prolongando ainda mais as agruras da população trabalhadora e pobre, que ainda não se movimenta na direção de uma revolta generalizada ou de intenso protesto provocado pelo desespero. O que pode ser apenas uma questão de tempo.

(31 de março de 2021)

O HIGIENISMO DO "APARTHEID VACINAL" E O APAGÃO DAS VACINAS PARA OS POBRES NA PANDEMIA

Duas máximas costumam frequentar o debate público. São sentenças proferidas em quase 99% das ocasiões quando o debate é sobre as mazelas do Brasil. Quem não ouviu alguma vez na vida que o "Brasil não é um país sério" ou a indefectível "o Brasil não é um país para amadores".

Pois bem. Vamos aos fatos. Causou certa indignação a conduta de um grupo de empresários e políticos de Minas Gerais vinculados ao setor do transporte, que nesta semana tomou a primeira das duas doses da vacina da Pfizer contra a Covid-19, em Belo Horizonte. A segunda dose será ministrada ao seleto grupo de maganos dentro de 30 dias, ao custo de R$ 600,00 — por coincidência, o antigo valor do auxílio emergencial aprovado pelo Congresso Nacional no início da pandemia, agora rebaixado e que teve o seu alcance restringido pelo governo genocida.

Segundo a revista *Piauí*, o ex-senador Clésio Andrade (MDB-MG), ex-presidente da Confederação Nacional do Transporte (CNT), foi um dos vacinados pelo bonde de luxo dos fura-filas ricos. "Estou com 69 anos, minha vacinação [pelo SUS] seria na semana que vem, eu nem precisava, mas tomei. Fui convidado, foi gratuito para mim", declarou.

O fato é revelador da conduta criminosa e delinquente de setores das classes dominantes brasileiras. A mesma que apoia e sustenta o genocídio praticado pelo governo Bolsonaro contra a população trabalhadora e pobre do país. A mesma mentalidade reacionária, para dizer o mínimo, vomitada por Xuxa e pela bolsonarista Janaína Paschoal em defesa de medidas de higienismo social contra negros presos e idosos internados durante a pandemia. A mesma que defende, junto com o presidente genocida, a volta das aulas e impede a decretação de um *lockdown* efetivo, de verdade, com salários garantidos aos trabalhadores formalizados, auxílio aos informais, apoio aos pequenos negócios, e a distribuição direta de comida aos esfomeados que dormitam nas regiões metropolitanas do país.

É a mesma fração da "frente ampla da Faria Lima" que divulga uma carta de economistas, serviçais de luxo de banqueiros, em pleno auge do ciclo infernal do morticínio pela Covid19, defendendo a continuidade do teto de gastos, ou seja do arrocho fiscal que só penaliza os pobres, e das privatizações conduzidas pelo pinochetista Paulo Guedes.

O que ocorreu em Belo Horizonte não é um fato isolado: camadas de pessoas ricas, que ostentam relações privilegiadas com os governantes, e algumas corporações profissionais furam, de forma criminosa, a fila de vacinação. Vale lembrar também a atitude do prócer da Igreja Universal-Corporação empresarial, que depois de minimizar os riscos da Covid, foi tomar a vacina em Miami, longe de seus dizimistas e humildes financiadores.

O Senado, atendendo os apelos do empresariado, até aprovou uma lei, de autoria do senador Rodrigo Pacheco (DEM-MG), que legaliza a compra de vacinas, o que consolida e oficializa o "*apartheid* vacinal" no país.

A medida determina ainda que uma cota das doses compradas pelas empresas seja doada ao Sistema Único de Saúde (SUS). Algo sem controle efetivo da parte do poder público e que rompe com a lógica do Programa Nacional de Imunizações (PNI) — a única garantia de um sistema de vacinação universal e gratuito para todos os brasileiros e brasileiras. Somente um rígido controle social do cronograma de vacinação, via os conselhos municipais e estaduais de Saúde, pode impedir o comportamento egoísta e antissocial dos "fura-filas".

Enquanto isso, a vacinação contra a Covid-19 segue de forma lenta e desordenada, atingindo pouco mais de 15 milhões de pessoas, que estão parcialmente imunizadas. Ao mesmo tempo, um colapso sanitário, sem precedentes, se instala no conjunto da rede hospitalar pública e privada — sem mais leitos de UTI, carência de equipamentos e insumos e com a falta de pessoal especializado. A conduta criminosa e negacionista do presidente foi decisiva para aprofundar o colapso sanitário em curso no país.

Bolsonaro continua sendo o principal obstáculo para a organização de uma verdadeira campanha de imunização: o governo bolsonarista não assegurou uma política de aquisição diversificada de vacinas e insumos, não votou pela quebra das patentes de vacinas em escala mundial, tampouco preparou uma campanha publicitária a favor da vacinação ampla da população e ainda promove a falácia de um ineficaz tratamento precoce.

Além disso, após a posse do 4º ministro no quartel em que foi transformado o Ministério da Saúde, apresenta um falso cronograma de vacinação, tendo em conta que não temos ainda o fluxo seguro e continuado de um ingrediente básico como o IFA — Ingrediente Farmacêutico Ativo — fornecido pela China, para produzir as vacinas já contratadas pelo Instituto Butantan-Sinovac e da AstraZeneca/Oxford-Fiocruz. E os lotes de vacinas contratados na Índia e na Coreia do Sul também atrasaram os prazos de entrega.

Nesta semana, também vimos o anúncio espetacular da fabricação de vacinas pelo governador João Doria (PSDB-SP) a partir de um imunizante desenvolvido pelo renomado Instituto Butantan, batizado pelo nome fantasia de Butanvac.

Por sua vez, o governo federal, que não se fez de rogado, anunciou a Versamune desenvolvida pela USP de Ribeirão Preto em parceria com empresas privadas — e o mais surpreendente e mágico: o número de mais duas vacinas em fase de testes, segundo informou Marcos Pontes, um dublê de astronauta e ministro.

Apesar do esforço laborioso e nobre dos cientistas brasileiros, os dois políticos governantes, oriundos de cepas diferentes da direita política, são marcados por ações demagógicas e de pura propaganda. Os anúncios soaram como uma macabra corrida eleitoral entre Doria e Bolsonaro, que especulam com anseio desesperado da população em busca da vacina.

De toda forma, as vacinas anunciadas passarão por um relativo período de checagem e aprovação pelo órgão regulador e com o prazo de alguns meses para entrega efetiva ao atrasado cronograma de vacinação do SUS, demandado pela necessidade de maior rapidez frente ao avanço do contágio e das mortes pelas novas cepas do coronavírus.

A luta pela vacinação pública, gratuita e universal — e contra o apartheid vacinal a favor dos furas-filas ricos — está inserida no combate pelo fim do governo genocida de Bolsonaro e dos generais palacianos. Uma luta prioritária e urgente em defesa da vida.

(28 de março de 2021)

DETER O GENOCÍDIO, A FOME E A ESCALADA AUTORITÁRIA DE BOLSONARO

A política genocida do governo Bolsonaro é a principal causa do aumento avassalador das mortes pela Covid-19 — quase 300 mil vidas perdidas para a doença —, da volta da fome e do caos social que avança no país.

Nos últimos dias, ao lado do avanço da pandemia, Bolsonaro apelou novamente ao arsenal autoritário para reprimir críticos e opositores, recorrendo ao garrote da Lei de Segurança Nacional (LSN), famigerado instrumento herdado da ditadura.

Além disso, sem respostas para as demandas geradas pela crise sanitária, econômica e institucional em curso, o presidente Bolsonaro ameaça decretar o "estado de sítio", abrindo caminho para a repressão aberta e a ditadura.

"O caos vem aí. A fome vai tirar o pessoal de casa. Vamos ter problemas que a gente nunca esperava ter, problemas sociais gravíssimos. Onde é que nós vamos parar? Será que a população está preparada para uma ação do governo federal dura no tocante a isso?", afirmou Bolsonaro em tom ameaçador.

No plano simbólico, o governo da extrema direita e os comandos militares preparam eventos de comemoração do golpe militar de 1964. Um pretexto ideológico para reforçar a mensagem autoritária e a narrativa golpista contra as forças democráticas, em particular algo que soa como uma provocação política contra a esquerda neste momento turbulento da vida do país. Ao mesmo tempo, o ex-presidente Lula continua sendo o alvo de armadilhas e tramoias jurídicas nas cortes superiores.

Também é importante atentar para as movimentações e exercícios militares realizados em diversas regiões do país, sob a cobertura de treinamento de tropas na modalidade de contrainsurgência via GLO — Garantia da Lei e da Ordem —, um dos subprodutos da teoria do combate ao inimigo interno — ou seja, o povo brasileiro, ainda vigente nas academias militares.

Se é verdade que Bolsonaro perde terreno — e vai se isolando politicamente cada vez mais —, ele, no entanto, ainda reúne um expressivo contingente de apoio, que oscila em torno de 30%, um setor político disposto a tomar as ruas, de forma agressiva, belicosa, em defesa do governo, como assistimos no fim de semana passado.

Os movimentos de Bolsonaro indicam, claramente, uma aposta na direção do autoritarismo para intimidar e brecar principalmente a oposição de esquerda e, secundariamente, lideranças da velha direita neoliberal.

O governo da extrema direita, que sabotou o combate à pandemia, provocando a morte de milhares de pessoas, precisa ser contido com a força da mobilização dos trabalhadores e do povo. Uma primeira questão se coloca para a esquerda e os movimentos sociais e sindicais: disputar as ruas, não permitindo uma ocupação dos territórios de mobilização social somente pelos bolsonaristas.

Os partidos e as lideranças de esquerda, que corretamente defendem o isolamento social, estão chamados ao debate sobre as formas de mobilização popular, como atos e concentrações de rua nas próximas semanas.

O momento é grave, exige uma ação mais vigorosa contra o projeto de ditadura de Bolsonaro. As ruas, como no vizinho Paraguai, serão os espaços decisivos da batalha em defesa da vida e do combate político pelo fim do governo genocida.

(21 de março de 2021)

FATOR LULA ACENTUA POLARIZAÇÃO E PRESSIONA AGENDA DE BOLSONARO EM 2021

Neste domingo (14), o país recebeu a notícia de uma possível saída do ineficaz general Eduardo Pazuello do Ministério da Saúde, que logo depois foi desmentida. A linha anarconegacionista imprimida na pasta agravou a crise sanitária provocada pela pandemia de Covid-19, que já tirou a vida de quase 280 mil brasileiros. Diversos analistas atuantes na mídia corporativa apontam que a situação de Pazuello foi afetada pelo chamado fator Lula.

A entrada em cena de Lula, após decisão do ministro do STF Edson Fachin, que anula as condenações do ex-presidente operadas no âmbito da força-tarefa da Lava Jato de Curitiba, mexeu profundamente com as peças do tabuleiro político.

Com Lula no *play*, o movimento tende para uma concentração no campo da esquerda, esvaziando candidaturas e projetos também na centro-esquerda — por exemplo: empurra, inapelavelmente, a pretensão de Ciro Gomes para a direita do espectro político. Guilherme Boulos (PSOL) e Flávio Dino (PCdoB) são personagens identificados com a narrativa imagética do "lulismo", o que dificulta os movimentos de ambos para a construção de projetos de disputa presidencial com viabilidade e apelo de massas — em caso de manutenção do cenário atual.

Entre as forças da velha direita neoliberal impõe a escolha de uma candidatura com maior apelo midiático, o que favorece a postulação do apresentador da Rede Globo, Luciano Huck. João Doria (PSDB), acossado pelo bolsonarismo e por setores de seu próprio partido, emite sinais de desistência da disputa presidencial.

Nomes como o ex-ministro da Saúde de Bolsonaro, Luiz Henrique Mandetta (Democratas), e do governador gaúcho, Eduardo Leite (PSDB), buscam consolidar um espaço na disputa pela indicação. Na direita, ainda correm por fora a empresária Luiza Trajano e um abalado Sergio Moro. A velha direita ainda junta os cacos depois de ser atropelada pelo bolsonarismo em 2018.

O impacto da volta de Lula teve um efeito imediato, e que tende a se prolongar, no campo governista: O discurso de Lula na última quarta-feira (10) mostrou para Bolsonaro que a partir de agora ele terá pela frente um oponente de peso, consistente, e com uma narrativa de forte apelo entre as camadas mais pobres da população — que têm memória positiva de seu período na condução do governo. Uma comparação que deixa Bolsonaro em franca desvantagem.

Bolsonaro teve mais de dois anos para flanar pelo país em ritmo permanente de campanha. Agora, o palanque do debate público será forçosamente dividido com Lula. Um trecho do discurso do petista atingiu em cheio a narrativa rame-rame e desagregadora de Bolsonaro em pleno auge das mortes pelo coronavírus e da implosão da economia: "Este país não tem governo. Este país não tem ministro da Saúde. Este país não tem ministro da Economia. Este país tem um fanfarrão como presidente, que, por não saber de nada, diz 'é tudo por conta do Guedes'... Enquanto isso, vocês sabem, o país está empobrecendo. O PIB caiu, a massa salarial caiu, o comércio varejista caiu, a produção de comida das pessoas está ficando insustentável e o presidente não se preocupa com isso", disse Lula, assinalando o tom a partir de agora.

O eco do discurso do petista obteve uma boa recepção até na base aliada de Bolsonaro, cevada com verbas e espaços em diversos escalões do governo, deputados do "Centrão", numerosos entre as bancadas dos estados nordestinos, foram tocados por velhas lembranças e já fazem os seus cálculos eleitorais para 2022.

A crise múltipla e combinada — de natureza econômica-sanitária-institucional — é um círculo de ferro que se fecha em torno de Bolsonaro e de Paulo Guedes. Os péssimos indicadores da economia, o auge do ciclo de mortes pela Covid-19, a falta de vacinas, a agenda negativa do discurso de ódio, de ameaças autoritárias, cada vez mais, mina a credibilidade e a confiança na capacidade do governo Bolsonaro de reverter a crise.

A aposta do governo Bolsonaro na agenda ultraliberal de austericídio fiscal é uma política que só favorece os rentistas, especuladores e os segmentos vinculados ao mercado exportador de commodities, excluindo a imensa maioria dos brasileiros. Essa política fracassou na América Latina e fez brotar rebeliões populares, como no Chile, Bolívia, e agora no Paraguai.

Portanto, a polarização entre Bolsonaro e ex-presidente Lula pode influir no comportamento do governo da extrema direita a partir de agora. Lula ainda enfrenta armadilhas judiciais, que estão sendo desmontadas com a revelação dos crimes da Lava Jato, mas Bolsonaro já não corre sozinho na raia.

Lula é uma ameaça real aos planos de continuidade do governo bolsonarista. E Bolsonaro sentiu...

(15 de março de 2021)

BOLSONARO DOBRA A APOSTA NO CONFRONTO

O governo do presidente Jair Bolsonaro é o epicentro da crise, personifica a própria dinâmica da crise. Bolsonaro, sobretudo, faz uma aposta na ampliação do confronto político na crise em curso — de natureza múltipla e combinada: institucional, econômica, social e sanitária. Uma situação que aponta para uma evolução do impasse político nos próximos meses.

A opção de Bolsonaro é clara: diante do tamanho da crise, ele faz movimentos no sentido de abrir caminho para um regime de força, autoritário. Ele busca reunir forças para atingir os seus objetivos, operando um conflito permanente com as outras instituições de estado — desmoralizadas — e a oposição política, a velha direita liberal e a esquerda, que no geral adotam uma conduta política tímida e vacilante frente aos arroubos "bonapartistas" do bolsonarismo.

O governo da extrema direita, apesar de contar ainda com um apoio de cerca de 30% da população, perde, a cada dia, substância política e sofre uma constante erosão no plano simbólico. Pressionado pelas crescentes dificuldades oriundas da crise, Bolsonaro apela para um discurso de radicalização, sinalizando o desejo de romper com as amarras institucionais e impor medidas duras, de concentração de poder.

Muitos analistas políticos avaliam que Bolsonaro cogita lançar mão de um instrumento como o do "estado de sítio", caso a crise ameace de forma severa a continuidade de seu desastroso governo. Resta saber se contará com a ancoragem das Forças Armadas para enveredar na direção de um regime de exceção escancarado. De toda forma, a situação é perigosa, requer vigilância e mobilização das forças democráticas e populares.

Em sua *live* semanal na última quinta-feira (4), o presidente Bolsonaro voltou a reafirmar o surrado discurso negacionista sobre a pandemia de Covid-19 e atacou a imprensa corporativa e os governadores. Aliás no mesmo dia, em eventos públicos no interior de Minas e em Goiás, repetiu a ladainha contra o isolamento social, minimizou as mortes e os danos provocados pelo coronavírus, chamando de "mimimi" e "frescura" as medidas de proteção preconizadas por autoridades sanitárias estaduais.

Todos os indicadores sanitários e econômicos tendem a piorar nas próximas semanas, prolongando ainda mais as agruras da população trabalhadora e pobre, que ainda não se movimenta na direção de uma revolta generalizada ou de intenso protesto provocado pelo desespero. O que pode ser uma questão de tempo. As fagulhas só estão adormecidas, por ora.

A situação política também pode se encaminhar para uma espécie de "equilíbrio catastrófico", um conceito desenvolvido pelo teórico comunista Antonio Gramsci. No momento, Bolsonaro ainda não reuniu as condições para executar um golpe de força, esmagando a oposição de conjunto. Uma solução de tipo "cesarista" só será possível com a arbitragem decisiva das Forças Armadas e dos donos do dinheiro no país.

Já para a esquerda, uma aposta política efetiva na rebelião popular é o caminho mais eficaz, seguro e rápido para pôr fim ao governo genocida de Bolsonaro. Os exemplos do Chile, Equador, Bolívia e agora do Paraguai indicam um rumo para enfrentar e derrotar a extrema direita neoliberal na América Latina.

(7 de março de 2021)

O LEGADO NEFASTO DA LAVA JATO

A Lava Jato, com o desmonte da operação, demanda um rigoroso balanço de seu legado. Nos últimos dias, o debate veio à tona provocado pelas revelações das conversas entre Sérgio Moro, o coordenador da força-tarefa Deltan Dallagnol e demais integrantes do grupo de procuradores. Revelações chocantes de mensagens que mostram a face oculta de uma operação marcada por numerosos atos de ilegalidades, crimes e farsas judiciais monstruosas.

Ao traçarmos uma linha do tempo da operação iniciada em março de 2014, é inevitável a constatação de que a Lava Jato contribuiu de forma decisiva para a subversão da institucionalidade pactuada na Assembleia Nacional Constituinte de 1988, praticando um modelo importado de justiça, de caráter punitivista, autoritário, de exceção — violando todas as regras consagradas no chamado estado de direito.

Uma avaliação mais geral do contexto do surgimento da operação Lava Jato aponta para uma ação sintonizada com a política implementada pelo Departamento de Estado (DoS) norte-americano: Após o colapso soviético e o fim das guerrilhas marxistas em El

Salvador e Guatemala, os Estados Unidos iniciaram na América Latina e Caribe a "guerra contra as drogas", uma operação de interferência direta nos países da região.

Em um novo giro na política imperialista, depois da chamada "guerra contra o terror" dos anos 2000, a agenda de combate à corrupção também pautou as ações do Departamento de Estado e demais agências norte-americanas de inteligência e espionagem, um instrumento a serviço da desestabilização de governos democráticos e progressistas do continente. Brasil, Equador, Argentina e Peru, em graus diferenciados, foram os alvos de campanhas "anticorrupção", com o estímulo, suporte e participação direta de agências estadunidenses.

Portanto, um dos maiores crimes praticados no curso da operação Lava Jato foi a colaboração clandestina com agências e autoridades dos EUA e da Suíça, uma grave lesão aos interesses do país que precisa ser devidamente apurada.

Os danos institucionais, econômicos e sociais gerados pela Lava Jato devem ser examinados cuidadosamente pela lupa do Supremo Tribunal Federal (STF), do Congresso Nacional, PGR, Conselho Nacional de Justiça (CNJ) e pelo próprio Ministério Público Federal, definindo os crimes e a responsabilização dos envolvidos.

Um legado nefasto

Órgãos da mídia corporativa — TV Globo e Folha de São Paulo — tentaram neste fim de semana relativizar os impactos negativos da Lava Jato. O esforço da mídia pró-Lava Jato é apresentar os crimes como simples desvios da "rota positiva" da operação no combate à corrupção no interior do estado brasileiro. Segundo os órfãos da Lava Jato, a experiência foi positiva e que um balanço da operação não pode abrir caminho para a volta da impunidade dos agentes públicos. Ou seja, o mesmo discurso favorável ao lavajatismo, reciclado por um tom mais defensivo diante das montanhas de *terabytes*, que revelam os métodos criminosos do ex-juiz Sérgio Moro e de Deltan Dallagnol.

Além disso, é impossível não estabelecer o nexo entre Operação Lava Jato e a vitória eleitoral do protofascista e genocida Jair Bolsonaro, que conduz um governo de tipo militarizado. O lavajatismo foi o estuário em que a extrema direita navegou, com muita demagogia e o apoio da imprensa dominante, o que facilitou a chegada de Bolsonaro ao comando do governo federal.

Os métodos da Lava Jato desembocaram na criminalização dos partidos e de lideranças políticas, que teve como maior expressão a campanha inédita de *lawfare* contra um líder político brasileiro — o ex-presidente Lula -, condenado e preso sem provas por 580 dias.

O encarceramento "preventivo" de executivos de empresas privadas e públicas, as delações forjadas, as conduções coercitivas ilegais, as prisões filmadas, os vazamentos seletivos para a Rede Globo, a falsificação de documentos e a espionagem de advogados de defesa dos acusados foram alguns dos mecanismos criminosos utilizados pela operação.

A Lava Jato também legou um enorme passivo na economia do país. Sob o pretexto do combate à corrupção, provocou a implosão de setores inteiros da economia nacional, afetando a indústria da construção civil e de infraestrutura pesada, a indústria naval, o setor químico e a cadeia produtiva de petróleo e gás.

Segundo estudo do Corecon [Conselho Regional de Economia do Rio de Janeiro] a Lava Jato foi um fator importante no agravamento do quadro de recessão na economia entre os anos de 2015 e 2018 e foi a responsável pela queda de até 85% do faturamento das construtoras brasileiras, o que acabou gerando a perda de milhares de empregos diretos e indiretos em todo o país.

Hora de decisão no STF

A expectativa nos próximos dias se volta para o julgamento no STF do habeas corpus que pede a anulação dos processos contra o ex-presidente Lula julgados por Sérgio Moro. A presidente do Partido dos Trabalhadores (PT), deputada Gleisi Hoffmann, vai ao ponto quando faz a denúncia da parcialidade de Moro contra Lula em todas ações da Lava Jato.

"Moro comandou a Lava Jato desde antes da apresentação das denúncias que ele viria a instruir e julgar com o objetivo previamente traçado de condenar Lula e excluí-lo do processo eleitoral. Tratou o acusado como inimigo pessoal e político. É isso que a lei define como suspeição e falta de imparcialidade de um juiz, e que vem a somar-se ao imenso rol de ilegalidades cometidas por ele e pelos procuradores para cercear a defesa, forjar provas e manipular a opinião pública contra seu alvo, com a indispensável cumplicidade da mídia", disse a dirigente petista.

Novamente uma decisão judicial envolvendo Lula pode determinar os caminhos políticos do duro embate em curso entre as forças conservadoras — neoliberais e golpistas — e o campo da esquerda e dos trabalhadores.

O fim da proscrição política de Lula é uma exigência democrática, assim como a anulação de todos os processos conduzidos no âmbito da Lava Jato, com a soltura de todos os presos e a punição de Sérgio Moro, Deltan Dallagnol e dos integrantes do MPF que atuaram na criminosa força-tarefa.

(1º de março de 2021)

Nota de agradecimento

Mais um livro concluído, um momento para agradecer os amigos e as amigas de um projeto que foi resultado da ação militante e da reflexão do autor sobre os rumos do país.

Em primeiro lugar quero agradecer os editores que garantem a minha voz e a minha opinião em seus órgãos: Leonardo Atucch, do Brasil 247; Esmael Moraes, do Blog do Esmael; Pedro Carrano e Paulo Motoryn, do Brasil de Fato; Roberto Salomão, de O Trabalho; Zé Roberto, de O Gazeteiro, Roberto Ponciano, do Canal Iaras e Pagus, e as diversas páginas do Partido dos Trabalhadores (PT).

Aos companheiros e companheiras de diversas lutas e jornadas: o advogado Sandro Lunard e Daniel Godoy. Ao presidente do PT de Curitiba, Angelo Vanhoni. Ao companheiro Lairson Sena, presidente do Sindicato dos Frentistas de Curitiba. A presidente nacional do PT, Gleisi Hoffmann.

As amigas Nair Silva e Lúcia Araújo. Aos meus irmãos e minhas irmãs — Fernando Alves, Moisés Alves, Alessandro Alves, Jorge Alves, Gui e Ana Clara. Agradeço pelo apoio nas horas que sempre preciso.

Aos meus leitores e leitoras pelo incentivo e sugestões. Um abraço para todos e todas.

Curitiba, setembro de 2022

papel pólen 90g/m²
tipologia minion pro
impresso no inverno de 2022